# Russisch heute

## РУССКИЙ ЯЗЫК СЕГОДНЯ

Neubearbeitung · Band 2

Lensing

# RUSSISCH HEUTE — Band 2

## РУССКИЙ ЯЗЫК СЕГОДНЯ

Neubearbeitung von
Wolfgang Steinbrecht, Hannover

Mitwirkung und wissenschaftliche Gesamtberatung:
Galina Ivanovna Rožkova, Moskau

Illustrationen:
Anatolij Michajlovič Golovčenko, Moskau
Günter Marx, Dortmund

ISBN 3-559-18070-8



Herstellung: F. Pustet, Regensburg

Druck A [5 4 3] / Jahr 1991

Die letzte Zahl bezeichnet das Jahr des Druckes. Alle Drucke der Serie A sind gegenüber der Auflage 1/87 unverändert und daher im Unterricht parallel verwendbar.

# Inhaltsverzeichnis

# 1 Первый урок

## 1.1 Введение

1 На даче Костя берёт бумагу и начинает пи**с**а́ть письмо.
— Кому ты пи́**ш**ешь? — спрашивает мама.
— Пи**ш**у́ Серёже, — отвечает Костя.

Костя пишет,

что он каждое утро хо́**д**ит на реку,
что он там ло́**в**ит рыбу,
что он си**д**ит на берегу
и смо́трит на воду,
что он о́чень лю́**б**ит плавать,
что он делает новый планёр и
что он иногда про́**с**ит папу помочь ему.

Костя пишет:

Каждое утро я хо**ж**у́ на реку.
Там я ло**вл**ю́ рыбу.
Я си**ж**у́ на берегу
и смотрю́ на воду.
Я очень лю**бл**ю́ плавать.
Я делаю новый планёр;
иногда я про**ш**у́ папу помочь мне.

2 **Кто они такие?**

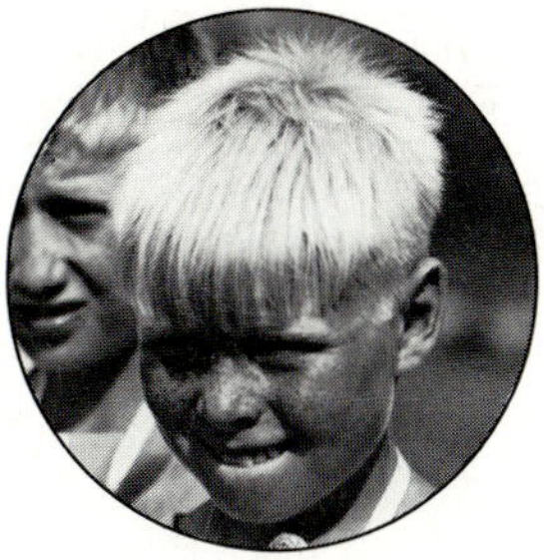
Шурик

Нина Александровна

Леночка

Тамара

Пётр

Юрий Алексеевич

Кто из них девочка, кто мальчик, кто девушка, кто юноша, кто женщина, кто мужчина?
А ваш папа, ваш дядя, ваш брат, ваша мама, ваша тётя, ваша сестра, ваши товарищи по классу . . . ?

3 Это Николаевы. Кто у них ведёт хозяйство? Это делают все понемногу.

Вот мама. Она сегодня стирает бельё.

Папа убирает квартиру. Вот он чистит пылесосом ковёр. В комнате стоят диван и два кресла.

А бабушка работает в кухне. Она готовит. Леночка помогает ей. Вот она берёт из холодильника сосиски.

## 1.2 Тексты

### Моя ленинградская знакомая

1 Ленинград. Я живу в гостинице „Астория“. Здесь же я завтракаю, обедаю и ужинаю. В ресторане меня часто обслуживает молодая официантка, Оля Соколовская. Она всегда весёлая и внимательная.
Меня она уже знает в лицо, а я знаю, как её зовут.
Я ви́жу, что сегодня в зале пусто, и я начина́ю с Олей разговор.
— У вас длинный рабочий день, — говорю я. — Удивительно, что вы всегда весёлая. Вы не устаёте?
Она улыбается.

— Да, у меня большой рабочий день, — говорит она, — но у нас смена: один день я работаю, другой — свободна. И потом, понимаете, я люблю работу.
— А в свободные дни что вы делаете? Отдыхаете?
— Если вас это действительно интересует, я расскажу́. Дома у меня муж, дочка, мама. Поэтому работа всегда есть. А вечером в свободные дни я учу́сь.

2 — Вы у́читесь? Где?
— Я учусь в институте. Это вечерний экономический институт. Я изучаю экономические науки, бухгалтерию, планирование.
— Но это всё очень трудно!
— Конечно, не легко, но интересно. И я не собираюсь всегда работать в ресторане. Мой муж экономист, он работает на заводе. Он помогает мне учи́ться.
— Кто же у вас дома ведёт хозяйство?
— Да все понемногу. Дочка ходит в детский сад. Дома она только вечером и в выходной. Продукты покупает всегда муж, я готовлю на два дня — у нас есть холодильник. Квартиру убирает мама. Иногда в выходной я чищу пылесосом ковры и кресла. Бельё отдаём стирать.
— А вы гуляете или отдыхаете вместе с мужем?
— Иногда, после работы, бываем в театре, или ходим в кино, на концерт. Но не часто; я всегда занята́, и муж очень за́нят. Он ведёт занятия в кружке на заводе, занятия по математике. И сам учится: изучает английский язык.

3 — Он тоже учится?

— У нас многие учатся. Посмотрите в метро, в автобусе: один сидит с романом, другой — с газетой, третий, четвёртый — с учебником . . . И так многие.

— Но если ваш муж работает, зачем работаете вы, зачем нужно учиться?

— Я не хочу сидеть дома. Я хочу работать и люблю работать. У нас почти все женщины хотят работать и работают. Врачи́, юристы, учителя́, кассиры — это всё женские профессии в наше время. Есть женщины-инженеры, экономисты и даже лётчики.

— А дети?

— Дети? Есть ясли, детские сады́, есть бабушки, есть, наконец, свободные дни у папы и мамы . . . Так растут наши дети . . .

В зал входят посетители.

— Извините, мне нужно идти, — говорит Оля.

— Спасибо вам, Оля, за интересный разговор. До свидания, до завтра!

**❹ Вера Кремер в гостях у Сони**

Соня — Вы давно приехали в Москву?
Вера — Неделю назад.
Соня — А на сколько вы приехали к нам?
Вера — На две недели, значит буду ещё здесь неделю.
Соня — Где вы остановились?
Вера — В гостинице „Националь“.
Соня — У вас хороший номер?
Вера — Да, неплохой, я довольна.
Соня — А как вам нравится у нас в Москве?
Вера — Нравится. Москва — интересный город.
Соня — Вы были в Кремле́?
Вера — Конечно, была. Кремль мне очень понравился.
Соня — А в театре уже были?
Вера — Один раз. На „Борисе Годунове“.
Соня — Вам нужно посмотреть в Москве балет.
Вера — Обязательно посмотрю. Что вы советуете?
Соня — Конечно, „Лебединое озеро“. Прекрасный балет. Полу́чите большое удовольствие.

## 1.3 Упражнения

❶ **Die Konsonantenverwandlung in der Konjugation** § 1, 2, 3

Ergänzt:

| | | |
|---|---|---|
| ви́деть: | — Ты ви́дишь лодку? | — Да, *ви́жу*. |
| уходи́ть: | — Ты ухо́дишь? | — Да, *ухожу́*. |
| люби́ть: | — Ты лю́бишь работать? | — Да, . . . |
| торопи́ться: | — Ты торо́пишься? | — Да, . . . |
| чи́стить: | — Ты чи́стишь ботинки? | — Да, . . . |
| приноси́ть: | — Что ты прино́сишь на занятия? | — Я . . . учебники. |
| сиде́ть: | — Где ты сиди́шь обычно? | — Я . . . у окна. |
| спать: | — Где ты спишь обычно? | — Я . . . на диване. |
| ста́вить: | — Что ты ста́вишь на стол? | — Я . . . на стол конфеты. |
| гото́вить: | — Что ты гото́вишь? | — Я . . . обед. |
| лови́ть: | — Когда ты ло́вишь рыбу? | — Я . . . рыбу утром. |

## 2 Das perfektive Futur § 3, 4

Ergänzt:

| | |
|---|---|
| Ты уже написал(а) письмо бабушке? | — Нет, завтра *напишу́*. |
| Ты уже ответил(а) на письмо Юры? | — Нет, завтра *отве́чу*. |
| Ты рассказал(а) Виктору о концерте? | — Нет, завтра . . . |
| Ты спросил(а) маму, где чайник? | — Нет, сейчас . . . |
| Ты поставил(а) сахар на стол? | — Нет, сейчас . . . |
| Ты сказал(а) папе, что ужин готов? | — Нет, сейчас . . . |
| Ты включил(а) телевизор? | — Нет, сейчас . . . |
| Ты позвонил(а) тёте? | — Нет, вечером . . . |
| Ты прочитал(а) журнал? | — Нет, вечером . . . |
| Ты закрыл(а) окно? | — Нет, сейчас *закро́ю*. |
| Ты убрал(а) комнату? | — Нет, сейчас *уберу́*. |

## 3 Zeitangaben

| | | |
|---|---|---|
| — Когда ты приехал(а) | в наш город? | |
| | в . . . | |
| — Я приехал(а) | 2 (3, 4) дня | назад. |
| | неделю (2, 3, 4 недели) | |
| | месяц (2, 3, 4 месяца) | |

— А на сколько ты приехал(а)? (Ты надолго приехал(а)?)

| | |
|---|---|
| — Я приехал(а) на | 2 (3, 4) дня. |
| | неделю (. . .) |
| | . . . |

## 4 Нравиться

— Что тебе нравится в Ленинграде?

| | |
|---|---|
| — В Ленинграде | мне нравится порт. |
| | мне нравятся мосты |

— А в Москве что тебе понравилось?

| | |
|---|---|
| — В Москве | мне понравился Кремль. |
| | мне понравилась опера |
| | мне понравилось метро |
| | мне понравились музеи |

| | | |
|---|---|---|
| — Ребята, что вам | нравится | в . . . ? |
| | понравилось | |

(. . . широкие улицы, автобусы, центр города, старые/ новые дома, рестораны, гостиницы, балет, опера, цирк, . . .)

## 5 Идти / ходить

Setzt sinngemäß die Formen von идти oder ходить in der Gegenwart ein:

1. Сегодня Оля не . . . в театр. Она занята дома. 2. Иногда, после работы, Оля с мужем . . . в кино или на концерт. 3. Оля надевает пальто и шляпу. Она . . . домой. 4. В свободные дни Оля . . . в институт. 5. Её дочка Ира . . . в детский сад. Дома она бывает только вечером. 6. Сегодня воскресенье. Ира не . . . в детский сад.

## 6 Сам

Setze die passenden Formen von сам, самá, сáми ein:

1. Муж Оли ведёт занятия в кружке и . . . учится. 2. Костя даёт папе удочки, а . . . берёт планёр. 3. Оля отдаёт бельё стирать, а Соня стирает . . . 4. Шурик ещё маленький. Его одевает мама. А Игорь и Олег одеваются . . . 5. Обычно квартиру убирает мама. Но в выходной Оля убирает всё . . . 6. Когда Рахмановы собираются на дачу, мама . . . собирает все вещи. Она говорит, что дети не умеют быстро собираться. 7. На фабрике инженер рассказал, как работает конвейер, и ученики . . . попробовали работать на конвейере.

## 7 Wortbildungsgesetze: Женщина-инженер § 5

Übersetzt ins Deutsche:

Женщина-инженер; женщина-шофёр; учитель-пенсионер; врач-специалист. Город-порт; театр-студия; вечер-концерт; вагон-ресторан.

## 8 Wortbildungsgesetze: Снег — снежный § 1, 2

Ergänzt:

Сне**г** — снé**ж**ное поле; солн**ц**е — сóлне**ч**ный день; восто**к** — востó**ч**ные стрáны; юг — . . . город; книга — . . . шкаф; наука — . . . библиотека; бумага — . . . цветы; конец — . . . станция метро.

рука — ручны́е часы
река — речнóй трáнспорт

**9** **Wortbildungsgesetze — internationale Fremdwörter: Социалист — социализм — социалистический**

а) Вот некоторые профессии и специальности: волейболи́ст, гитари́ст, карикатурист, тракторист, футболист, экономист, юрист.

Волейболист — это тот, кто играет в волейбол.
... — это тот, кто играет в футбол.
... — это тот, кто играет на гитаре.
... — это тот, кто делает карикатуры.
... — это тот, кто работает на тракторе.
... — это тот, кто изучил экономические науки.
... — это тот, кто изучил юриди́ческие науки.

Волейболист — это мужчина. Волейболистка — это женщина.
Гитарист — это ... ...

б) Социали́ст — социали́зм; коммуни́ст — коммуни́зм; марксист — ... ; капиталист — ... ; империалист — ... ; материалист — ... ; реалист — ... ; идеалист — ... ; националист — ... ; оптимист — ... ; пессимист — ...

в) Социали́зм — социалисти́ческая страна
коммуни́зм — коммунисти́ческая страна
капитализм — ... страна
материализм — ... философия
идеализм — ... философия

марксизм — маркси́стские при́нципы

# 2 Второй урок

## 2.1 Введение

1 В гостинице „Астория“ часто останавливаются иностранные делегации. Это инженеры, учителя, артисты и другие.
Когда они встречаются в ресторане, они рассказывают друг другу, где работают и живут они сами и где живут их товарищи и друзья.

| | | | | |
|---|---|---|---|---|
| Товарищ<br>Друг | **нeмéцкого**<br>**англи́йского**<br>**францу́зского**<br>**америка́нского**<br>**по́льского**<br>. . . | инженера<br>учителя<br>. . . | живёт в | Мюнхене.<br>Лондоне<br>Париже<br>Нью-Йорке<br>Варшаве<br>. . . |

2 Их часто обслуживает Оля Соколовская.

| | | | |
|---|---|---|---|
| Она приносит<br>Она подаёт | **немéцкому**<br>**англи́йскому**<br>**францу́зскому**<br>. . . | инженеру<br>учителю<br>. . . | суп.<br>кофе<br>чай<br>лимонад |

3 Иногда посетители разговаривают с Олей. Вот Оля

| | | | |
|---|---|---|---|
| спрашивает | **немéцкого**<br>**англи́йского**<br>. . . | инженера,<br>учителя<br>. . . | как ему нравится в Ленинграде. |

4 Когда в зале пусто, Оля

| | | | |
|---|---|---|---|
| разговаривает | с<br>со<br>с<br>. . . | **молоды́м**<br>**ста́рым**<br>**немéцким** | студентом.<br>профессором<br>инженером<br>. . . |

5

| | | |
|---|---|---|
| Студент учится в | **медици́нском**<br>**педагоги́ческом**<br>. . . | институте. |
| Профессор работает в | **моско́вском**<br>**ки́евском**<br>. . . | университете. |
| Инженер работает на | **автомоби́льном**<br>. . . | заводе. |

6 А Оля рассказывает, что она учится в **вече́рнем** экономическом институте. Она возвращается домой из **вече́рн** . . . института в девять часов. Товарищи по **вече́рн** . . . институту все работают на заводе. Только она работает в ресторане.

7 — Где ты роди́лся? / Где ты родила́сь?

— Я родился | в Ганновере.
Я родилась | в Дюссельдорфе
| в . . .

— Есть у тебя братья?

— Да, есть, старший и младший.

— Как зовут старшего брата?

— Его зовут . . .

— А младшего как зовут?

— . . .

— Братья тоже роди́лись в . . . ?

— Да, . . . / Нет, . . .

8

Виктор купил лампу. Вот он **идёт** по улице. Он **несёт** лампу к остановке автобуса.

Теперь Виктор **едет** на автобусе. Он **везёт** лампу домой.

Куда Виктор **пошёл** с лампой? Куда он её **понёс?**
Куда Виктор **поехал** с лампой? Куда он её **повёз**?

9 Сейчас **придёт** Юра.
Сейчас **придут** девочки.

Завтра **приедет** тётя.
Завтра **приедут** дедушка и бабушка.

Вот **пришёл** Юра.
Вот **пришла** Нина.
Вот **пришли** девочки.

Сегодня **приехал** дядя.
Сегодня **приехала** тётя.
Сегодня **приехали** дедушка и бабушка.

Он **принесёт** молоко.
Они . . . хлеб.

Она **привезёт** подарок.
Они . . . подарки.

Он **принёс** молоко.
Она **принесла́** масло.
Они . . . хлеб.

Он **привёз** подарок.
Она **привезла́** подарок.
Они . . . подарки.

## 2.2 Тексты

### О богатом купце и умном попугае

(Сказка)

1 У одного́ богатого купца жил в клетке синий попугай. Попугай был очень умный и умел говорить как человек.

Однажды купец собрался поехать по важному делу в далёкие стра́ны. Он созвал весь дом, чтобы с каждым попрощаться.
— Я уезжаю, — сказал он, — и хочу каждому привезти подарок. Скажите, что вы хотите получить.

Каждый сказал, какой подарок он хочет, и купец обещал привезти.
— А что хочешь ты? — спросил он умного попугая.

Попугай немного подумал, потом рассказал, что родился в зелёном лесу. Там на высоком дереве живёт его старший брат, такой же синий попугай, как и он.

— Передай брату привет, — попросил попугай богатого купца, — и скажи ему, что он на свободе совсем забыл о младшем брате, который сидит в клетке. Потом расскажи мне, что он тебе ответит.

Купец обещал выполнить эту просьбу.

2 Уехал купец в далёкие страны. Закончил он дела́ и пошёл искать брата синего попугая. Пришёл он в зелёный лес и увидел его на высоком дереве.

— Эй, — крикнул купец старшему попугаю, — твой брат шлёт тебе привет. И купец повторил слова́ попугая, который жил у него в клетке.

Не успел он закончить, как попугай упал с высокого дерева на зе́млю. Удивился купец и подумал: „Наверное, этот попугай очень любил младшего брата. Услышал о брате и сразу упал мёртвый . . .“ Вот, наконец, купец вернулся домой, каждому он о́тдал подарок. Только умному попугаю он ничего не пе́редал. Он не сказал ему, что случилось с его старшим братом.

3 Тогда умный попугай сам спросил его:

— Разве ты, хозяин, не нашёл моего брата?
— Нашёл, — ответил купец.
— А ты пе́редал ему от меня привет? — спросил дальше попугай.
— Передал, — ответил купец, — но ответа на привет не получил.
Попугай очень удивился.
— Расскажи мне, — сказал он, — что ты видел там, у высокого дерева.

И купец на́чал рассказывать, как всё было. Не успел он закончить, как и этот попугай, словно мёртвый, упал на пол клетки.
Купцу было жаль попугая, и он подумал: „Не нужно было говорить попугаю, что у́мер его старший брат.“ Взял он попугая и выбросил за окно. И вдруг попугай улетел. Тогда купец по́нял, что и старший брат не умер; он только хотел научить младшего брата, как можно получить свободу.

# HÖREN + SPRECHEN

## Tonbandkassetten zu den Bänden 1, 2 und 3

Zum Lehrwerk *Russisch heute* gibt es für alle drei Bände Tonbandkassetten mit den Texten, Liedern und einem Großteil der Dialoge. Diese Kassetten sind auch für die häusliche Benutzung zu empfehlen.

Weitere Informationen umseitig.

**Russisch heute – Neubearbeitung**

### Bestellkarte

Bitte senden Sie mir gegen Rechnung an meine untengenannte Anschrift/über meine Buchhandlung

Tonbandkassetten (für handelsübliche Kassettenrecorder) zu *Russisch heute*

| | | | |
|---|---|---|---|
| ____ | Tonbandkassette zu Band 1 | ISBN 3-559-18043-0 | DM 29,80* |
| ____ | Tonbandkassette zu Band 2 | ISBN 3-559-18073-2 | DM 29,80* |
| ____ | Tonbandkassette zu Band 3 | ISBN 3-559-18083-X | DM 29,80* |

Preisstand: 1. 1. 1989. Änderungen vorbehalten.

* unverbindlich empfohlene Preise

Name / Vorname

Straße

PLZ

Ort

Datum

Unterschrift
(Erziehungsberechtigter)

## Die Tonbandkassette für das Hören + Sprechen zu Hause

Für die ersten beiden Bände sind die Texte und Dialoge wörtlich nach dem Lehrbuch wiedergegeben. Beim Abhören der verschiedenen Stimmen kann man je nach Wunsch mitlesen oder sich ohne Buch nur auf das Verstehen konzentrieren. Man gewöhnt sich so an eine „echte“ russische Aussprache und Intonation und kann auch durch Nachsprechen einzelner Sätze seine eigene Aussprache verbessern.

Die Kassette zu Band 3 enthält eine „kalkulierte Herausforderung“. Zur Schulung des freien Hörverständnisses sind die Sprechtexte gegenüber dem Lehrbuch geringfügig verändert. Der Inhalt ist im Prinzip der gleiche geblieben, und manches ist auch wörtlich wiederzuerkennen. Aber Mitlesen hilft nun nicht mehr, man muß sich ganz auf sein Ohr verlassen.
Wer die Kassette zu Hause hat, kann zunächst schwierig wirkende Stellen mehrfach abhören und sie dadurch „entschärfen“. Wenn man die richtige Hörerwartung hat, ist Verstehen nachher gar nicht mehr schwer.

## Die Tonbandkassette unterstützt die Arbeit des Lehrers

Bitte als Postkarte freimachen

Antwort

Verlag Lambert Lensing GmbH

Westenhellweg 67

Postfach 105051

4600 Dortmund 1

## Bestellkarte

Bitte senden Sie mir gegen Rechnung an meine untengenannte Anschrift/über meine Buchhandlung

Tonbandkassetten (für handelsübliche Kassettenrecorder) zu *Russisch heute*

| | | |
|---|---|---|
| ____ Tonbandkassette zu Band 1 | ISBN 3-559-18043-0 | DM 29,80* |
| ____ Tonbandkassette zu Band 2 | ISBN 3-559-18073-2 | DM 29,80* |
| ____ Tonbandkassette zu Band 3 | ISBN 3-559-18083-X | DM 29,80* |

Preisstand: 1. 1. 1989. Änderungen vorbehalten. * unverbindlich empfohlene Preise

Name / Vorname

Straße

PLZ Ort

Datum Unterschrift (Erziehungsberechtigter)


## Bestellkarte

Bitte senden Sie mir gegen Rechnung an meine untengenannte Anschrift/über meine Buchhandlung

Tonbandkassetten (für handelsübliche Kassettenrecorder) zu *Russisch heute*

| | | |
|---|---|---|
| ____ Tonbandkassette zu Band 1 | ISBN 3-559-18043-0 | DM 29,80* |
| ____ Tonbandkassette zu Band 2 | ISBN 3-559-18073-2 | DM 29,80* |
| ____ Tonbandkassette zu Band 3 | ISBN 3-559-18083-X | DM 29,80* |

Preisstand: 1. 1. 1989. Änderungen vorbehalten. * unverbindlich empfohlene Preise

Name / Vorname

Straße

PLZ Ort

Datum Unterschrift (Erziehungsberechtigter)

Bitte als
Postkarte
freimachen

Antwort

Verlag Lambert Lensing GmbH

Westenhellweg 67

Postfach 105051

4600 Dortmund 1

Bitte als
Postkarte
freimachen

Antwort

Verlag Lambert Lensing GmbH

Westenhellweg 67

Postfach 105051

4600 Dortmund 1

4 **Диалоги**

— Где Наташа?
— Она сейчас придёт.
— А она принесёт молоко?
— Я думаю, что принесёт . . . Вот она пришла. Наташа, ты принесла молоко?
— Принесла. Не забыла.

— Бабушка сегодня приедет?
— Да, она обещала приехать.
— А она привезёт подарок?
— Наверное привезёт . . . Вот звонок. Иди, открывай дверь. Может быть это бабушка приехала. Сам(а) увидишь.
— Здравствуй, бабушка. Что ты мне привезла сегодня?
— Вот, смотри!
— Почтовые марки! Ой, какие красивые! И совсем новые! Большое спасибо, бабушка!

## 2.3 Упражнения

1 **Die Deklination der männlichen Adjektive** § 6

У купца в клетке жил **жёлтый** / **синий** попугай.

Брат . . . попугая жил в лесу.
Купец хотел привезти . . . попугаю подарок.
Он спросил . . . попугая, что он хочет.
Он попрощался с . . . попугаем.
В лесу он рассказал брату о . . . попугае.

(жёлтый)
(синий)

2 **Максим Горький и маленький фотограф** § 6

К Максиму . . . пришёл пионер с фотоаппаратом. Он хотел снять Максима . . . для стенгазеты. Он бросил Максиму . . . в окно записку. Максим Горький подошёл к окну и увидел на улице . . . фотографа. Он сказал . . . фотографу, что его пропу́стят в гостиницу. Через минуту маленький фотограф стоял перед Максимом . . . Он очень волновался и вдруг заплакал. Максим Горький спросил . . . фотографа, почему он плачет. Он не понимал, что случилось с . . . фотографом. Мальчик сказал Максиму . . . , что он забыл пластинки, и убежал. У Максима . . . были пластинки, потому что его сын тоже фотографировал. Но мальчик не слышал Максима . . . — На другой день он рассказывал товарищу о Максиме . . .

## 3 Die Deklination der männlichen Adjektive § 6

Setzt die Adjektive und Substantive in den passenden Kasus:

а) 1. Пётр Проскурин учится в . . . (московский университет). 2. Пётр с Верой идёт в гости. Они останавливаются перед . . . , входят, поднимаются на лифте (высокий дом). 3. Соня здоровается с Верой и с . . . (двоюродный брат). 4. Соня подаёт Вере чашку . . . (крепкий чай). 5. Потом она рассказывает о . . . , где она работает (часовой завод). 6. Она говорит, что она поёт в хоре . . . (часовой завод).

б) 1. Самолёт летит над . . . (снежное поле). 2. В центре . . . находится полярная станция (снежное поле). 3. Корреспонденты ужинают в . . . (небольшой клуб). 4. На стене клуба висят рисунки . . . (местный художник). 5. Рядом висит шкура . . . (белый медведь). 6. Все едят с . . . (большой аппетит).

## 4 Die Deklination der männlichen Adjektive § 6

Setzt sinngemäß Adjektive ein:

У одного . . . купца жил в клетке синий попугай. Однажды купец собрался поехать по . . . делу в далёкие страны. Он хотел привезти . . . попугаю подарок. Попугай немного подумал. Он рассказал, что родился в . . . лесу. Там, на . . . дереве, живёт его старший брат. Попугай попросил купца передать . . . брату привет. Купец пошёл в лес. Он остановился перед . . . деревом и увидел на дереве . . . попугая. Когда он стал повторять слова попугая, который жил у него в клетке, старший попугай, словно мёртвый, упал с . . . дерева на землю. Так старший попугай хотел научить ... брата, как получить свободу.

## 5 Который § 7

а) Der Gebrauch von который:

Инженер, **который** рассказывал о фабрике, работает там давно.
Девушки, **которые** работали на конвейере, разговаривали и смеялись.
Маша читает письмо, **которое** ей написала Люба.
Учитель разговаривал с девушкой, **которая** работала на фабрике.
Ученики осматривали конвейер, **на котором** работали девушки.

б) Setzt die passende Form von который ein:

1. У одного купца жил попугай, . . . умел говорить как человек. 2. Попугай сидел в клетке, . . . висела у окна. 3. Купец пришёл к дереву, на . . . жил брат попугая. 4. Он повторил слова попугая, . . . жил у него в клетке. 5. Когда попугай услышал слова, . . . купец пе́редал ему от младшего брата, он как мёртвый упал на землю. 6. Дома купец ничего не рассказал о старшем брате попугая, у . . . он был в лесу. 7. Попугай, . . . купец выбросил за окно, вдруг улетел.

## 6 Чтобы

Образец: Зачем купец созвал весь дом? — Он созвал весь дом, *чтобы с каждым попрощаться.*

1. Зачем папа включил радио? 2. Зачем Олег открыл учебник? 3. Зачем Вера надела пальто? 4. Зачем ребята пошли на фабрику? 5. Зачем Костя собрал удочки? 6. Зачем маленький фотограф пошёл к Максиму Горькому?

(чтобы пойти на реку, чтобы разбудить Игоря и Олега, чтобы осмотреть цехи, чтобы повторить урок, чтобы пойти в гости, чтобы снять его для стенгазеты)

## 7 Идти — нести — ехать — везти

а) Vergleicht und ergänzt:

| perfektiver Aspekt | imperfektiver Aspekt |
|---|---|
| прийти, уйти | приходить, . . . |
| принести, унести | приносить, . . . |
| приехать, уехать | приезжать, . . . |
| привезти, увезти | привозить, . . . |

б) Setzt in die Gegenwart:

1. Купец уехал рано утром. 2. Через месяц он приехал в далёкие страны. 3. Купец привёз каждому подарок. 4. Папа увёз вещи на дачу. 5. Соня принесла в комнату чайник. 6. Кошка унесла рыбу. 7. Купец пришёл в зелёный лес. 8. Он нашёл на дереве синего попугая. 9. Он подошёл к дереву, на котором сидел попугай. 10. Через минуту он ушёл.

**8** **Видеть — увидеть / слышать — услышать**

Setzt sinngemäß die Verben im passenden Aspekt ein:

1. Когда ученики вошли в цех, они . . . в середине цеха конвейер. 2. Ученики стояли у конвейера и хорошо . . . , как работали девушки. 3. Когда мы летели на станцию „Северный полюс 12“, мы . . . с самолёта серый океан. 4. Вдруг мы . . . в воде белое пятно́. 5. Попугай сидел в клетке и хорошо . . . , что купец говорил каждому. 6. Когда он . . . о старшем брате, он, как мёртвый, упал на пол клетки. 7. Когда Максим Горький . . . , что маленький фотограф забыл пластинки, он хотел сказать ему, что его сын тоже фотографирует. 8. Но мальчик не . . . ; он убежал.

## 3 Третий урок

### 3.1 Введение

**1** На даче Рахмановы много фотографировали. Дома они смотрят снимки.

| Около | **ма́ленькой** | реки | стоит | Костя. |
|---|---|---|---|---|
| | **большо́й** | кошки | | Нина |
| | **у́зкой** | лодки | | |
| | **бе́лой** | | | |
| | **но́вой** | | | |
| | . . . | | | |

**2**

| Вот на фото | папа | подходит к | **бе́лой** | кошке. |
|---|---|---|---|---|
| | мама | | **чёрной** | лодке |
| | Костя | | **но́вой** | |
| | . . . | | **ста́рой** | |
| | | | . . . | |

**3**

| Костя говорит: — Папа, посмотри на | **но́вую** | удочку. |
|---|---|---|
| | **большу́ю** | лодку |
| | **чёрную** | . . . |
| | . . . | |

**4** Теперь Костя показывает снимки экскурсии с классом. Он говорит: — Ты можешь рассмотреть меня?

| Посмотри вот здесь перед | **высо́кой** | стеной. |
|---|---|---|
| | **бе́лой** | машиной |
| | **конди́терской** | фабрикой |
| | . . . | |

❺ Наконец Рахмановы смотрят фото, которые они сделали дома.

| Вот на фото | Наташа | в | **бе́лой** | юбке. |
|---|---|---|---|---|
| | Костя | | **чёрной** | блузке |
| | Нина | | **кра́сной** | рубашке |
| | | | **зелёной** | куртке |
| | | | **. . .** | . . . |

❻ — Ты видел(а) **вчера́шнюю** газету?
— Вон там на столе, под **сего́дняшн** . . . газетой. Что тебя интересует?
— На **после́дн** . . . странице фото одного артиста. Он сегодня выступает в театре.

❼ Мы будем читать сказку о русской деревне.
Это старая деревня. В деревне стоят избы.
Направо, около крайней избы, сидят старик и старуха.

❽ Теперь старик и старуха в избе. Старуха готовит обед. Перед старухой большой котёл, а в руке у неё кружка. Она наливает в котёл воду, чтобы сварить кашу. А старик сидит на лавке и смотрит. Ему хочется есть.

## 3.2 Тексты

### Каша из топора

(Сказка)

1 Шёл однажды старый солдат домой с войны. Он воевал, видел свет, а теперь идёт в родную деревню. Далеко до родного дома. Устал солдат, есть хочется. Дошёл он до небольшой деревни, постучался в крайнюю избу.
— Пустите отдохнуть прохожего человека!
Дверь открыла старая старуха.
— Заходи, солдат!
Солдат вошёл, сел. Сидит на широкой лавке, отдыхает . . .
— Дай мне, мамаша, холодной воды, пить хочется.
Подала́ ему хозяйка большую кружку с холодной водой.
Попил солдат. Сидит . . .
— А нет ли у тебя, хозяюшка, закусить чего?
У хозяйки много еды. Но скупой старухе жаль дать поесть солдату.
— Ох, добрый человек, нет у меня даже чёрного хлеба. Сама не ела сегодня.
— Ну, нет, так нет — что делать! — отвечает солдат.

2 Увидел солдат в углу под лавкой новый топор.
— Если нет у тебя, хозяюшка, еды, то можно и из топора́ хорошую кашу сварить.
— Как это из топора кашу сварить?
— Да очень просто. Дай-ка котёл!
Принесла хозяйка большой котёл. Вымыл солдат топор, положил в котёл, налил чистой воды, поставил на огонь. А старуха смотрит на солдата, смотрит на котёл с чистой водой. Ждёт . . .
— Дай-ка, хозяйка, ложку — кашу мешать.
Достала старуха большую ложку.
— Вот тебе ложка. Годится?
Взял солдат ложку, помешал. Попробовал.
— Ну, как? — спрашивает старуха.
— Славная каша! Скоро будет готова. Нужно только посолить.
— Соль-то у меня есть! Вон там на столе. Возьми, посоли!
Солдат посолил кашу. Снова попробовал.
— Хороша́ каша. Можно ещё крупы немного добавить!
Достала старуха мешок крупы.
— Бери, сколько нужно!

3 Варил, варил солдат кашу, мешал, опять попробовал. А старуха всё смотрит, как солдат ва́рит кашу. Смотрит, оторваться не может.

— Вкусная каша, скоро будет совсем готова. Хорошо, ещё сливочного масла добавить немного.

Нашлось у скупой старухи и сливочное масло.

— Может лук зелёный нужен? — спрашивает хозяйка.

— Можно и зелёного лука положить, — отвечает солдат. — Давай тарелки, ложки, хозяюшка! Садись за стол!

Стали они кашу есть. Хорошая каша получилась!

— Вот уж не думала, что из просто́го топора́ такую вкусную кашу можно сварить! — удивляется хозяйка.

— Топор-то ведь новый! Из старого топора, может, и не такая вкусная будет, — смеётся солдат.

Поел наш солдат, отдохнул и пошёл дальше. А старуха долго ещё удивлялась, всё думала о старом солдате и о вкусной каше из топора.

4 КАЛИ'НКА

Быстро, легко

Русская народная песня

1 Калинка, калинка, калинка моя!
В саду ягода малинка, малинка моя!
Ах! Под сосною, под зелёною,
Спать положите вы меня.
Ай, люли, люли, ай, люли,
Спать положите вы меня.

2 Калинка, калинка, калинка моя!
В саду ягода малинка, малинка моя!
Ах! Сосёнушка ты зелёная,
Не шуми же надо мной!
Ай, люли, люли, ай, люли,
Не шуми же надо мной!

3 Калинка, калинка, калинка моя!
В саду ягода малинка, малинка моя!
Ах! Красавица, душа девица,
Полюби же ты меня!
Ай, люли, люли, ай, люли,
Полюби же ты меня!
Калинка, калинка, калинка моя!
В саду ягода малинка, малинка моя!

---

калинка Dim. von калина — Schneeballstrauch, народный — Volks-, ягода — Beere, малинка Dim. von малина — Himbeere(n), Himbeerstrauch, запевала — Vorsänger, сосна — Kiefer, ай люли oder люли — wird ähnlich wie unser „halli, hallo“ und andere lautmalerische Einschübe in russischen Volksliedern verwendet, сосёнушка Dim. von сосна — Kiefer, шуметь — rauschen, надо = над, красавица — Schöne, душа — Seele, душа девица — herzliebstes Mädchen, полюбить — liebgewinnen.

Russische Volkslieder werden oft mit schwebender oder veränderter Betonung gesungen, z. B. в са́ду statt в саду́ oder ду́ша де́вица statt душа́ деви́ца.

## 5 Диалоги

— Мне хочется есть. Что ты думаешь, зайти в тот ресторан напротив?
— Как ты хочешь. Давай пообедаем здесь.

— Здесь свободно?
— Да, пожалуйста.
— Будьте добры, меню.
— Вот, возьмите.
— Что же мы будем есть? Салат, суп, мясо?

Официантка:
— Я слушаю вас.
— Пожалуйста, салат, два супа, мясо.
— Я вам советую взять рыбу. У нас вкусная рыба.
— Хорошо, дайте нам рыбу.

— Сколько с нас?
— Три рубля.
— Вот, пожалуйста. До свидания.
— До свидания.

## 3.3 Упражнения

### 1 Die Deklination der weiblichen Adjektive § 8

На улице стоит **красная** / **синяя** машина.

| | |
|---|---|
| Около . . . машины стоит шофёр. | (красная) |
| К . . . машине подходит женщина. | (синяя) |
| Она садится в . . . машину. | |
| За . . . машиной играют дети. | |
| В . . . машине лежит чемодан. | |

### 2 Оля Соколовская и двоюродная сестра § 8

Ergänzt:

У Оли . . . есть двоюродная сестра. Летом она живёт на даче недалеко от Ленинграда. Однажды Оля получила от . . . сестры письмо. Двоюродная сестра написала Оле, что она больна, и попросила её помочь ей по хозяйству. И Оля собрала́сь ехать к . . . сестре на дачу.
Сын . . . сестры встретил Олю . . . на станции. Они пошли к сестре домой. Оля поздоровалась с . . . сестрой и стала хозяйничать. Она прожила́ у . . . сестры неделю. Через неделю двоюродная сестра была уже здорова. Она поблагодарила Олю . . . за всё. Оля попрощалась с . . . сестрой и уехала. Дома, в Ленинграде, она рассказывала мужу о . . . сестре.

### 3 Die Deklination der weiblichen Adjektive § 8

Setzt die Adjektive und Substantive in den passenden Fall:

а) 1. Мы летели над . . . (снежная тундра). 2. Полярная станция находится на . . . (большая льдина). 3. Вокруг . . . мы видим снежные поля (полярная станция). 4. Полярники ходят в . . . Им не холодно (тёплая одежда). 5. Начальник станции рассказывает о . . . полярника (трудная работа).

б) 1. Сегодня школьники идут на . . . (кондитерская фабрика). 2. Они идут на фабрику с . . . (молодая учительница). 3. Рабочие . . . не едят конфеты, когда они работают (кондитерская фабрика). 4. В цеху ученики хором пели . . . , а рабочие слушали (русская песня).

## 4 Die Deklination der weiblichen Adjektive § 8

Setzt sinngemäß Adjektive ein:

Старый солдат идёт домой в . . . деревню. Устал солдат, есть хочется.
Дошёл он до . . . деревни, постучался в . . . избу.
Дверь открыла старуха, впустила его. Солдат вошёл, сел.
Сидит на . . . лавке, отдыхает.
— Дай мне, мамаша, . . . воды, пить хочется.
Подала́ ему хозяйка . . . кружку с . . . водой.
Солдату хотелось есть. Но . . . старухе жаль было дать солдату еды.
Солдат увидел в углу новый топор и сказал, что можно и из топора . . . кашу сварить.
Он показал старухе, как можно сварить кашу из топора. Они съели кашу, солдат отдохнул и пошёл дальше. А старуха долго ещё думала о . . . каше из топора.

## 5 Allgemeine Wiederholung der Adjektivdeklination § 6, 8

Bildet Sätze:

| | |
|---|---|
| Нина подходит к . . .<br>Она стоит перед . . .<br><br><br>— Ты видишь . . . ?<br>— Нет, не вижу. Здесь нет . . . | (жёлтый автобус)<br>(синяя машина)<br>(высокое дерево)<br>(маленькая лодка)<br>(большой пароход)<br>(северный олень)<br>(белый медведь)<br>(чёрная кошка)<br>(синий попугай) |
| — Где ты учишься?<br>— Я учусь в . . . | <br>(специальная школа)<br>(киевский университет)<br>(медицинский институт)<br>(вечерняя школа)<br>(вечерний экономический институт) |

## 6 Der partitive Genitiv § 9

Ergänzt:

а) Сколько солдат добавил **крупы**? Солдат добавил немного **крупы**.

| | | |
|---|---|---|
| Сколько у нас ещё . . . ? | У нас ещё много . . . | (хлеб) |
| Сколько в реке . . . ? | Сейчас в реке мало . . . | (вода) |
| Сколько у тебя . . . ? | Сейчас у меня нет . . . | (работа) |

б) Солдат вошёл в избу. Он показал на | хлеб.
воду
молоко
. . .

Он попросил старуху: — Дай мне | **хлеба**.
**воды**
**. . .**

Старуха дала ему | **хлеба**.
**. . .**

## 7 Нужно

— Дима, что тебе нужно?
— Мне **ну́жен** новый галстук.
Мне **нужна́** новая куртка.
Мне **ну́жно** новое пальто.
Мне **ну́жны** новые ботинки.
— Нина, а тебе что нужно?

— Мне . . . | новая блузка, новые туфли, новая юбка, новое платье, новая шляпа, новый плащ, новое пальто, новые чулки . . .

Скажите, что Диме (Нине) нужно было.

| | | |
|---|---|---|
| Ему | **ну́жен был** | . . . |
| Ей | **нужна́ была́** | . . . |

## 8 Präpositionen § 10

| | | |
|---|---|---|
| до: | Солдат дошёл . . . | (небольшая деревня) |
| | От реки . . . два километра. | (дом) |
| | Иван Петрович работает с утра́ . . . | (поздний вечер) |

## 9 Verben der Bewegung § 11

Vergleicht den Bezug zwischen der Vorsilbe des Verbs und der folgenden Präposition:

Солдат **до**шёл **до** небольшой деревни.
Он **подо**шёл **к** богатой избе.
Он **во**шёл **в** избу.
Старуха **ото**шла **от** стола.
Солдат **вы**шел **из** избы.
Он **у**шёл **в** родную деревню.
Он **при**шёл **в** родную деревню.
Он **при**шёл **к** жене.

Gebraucht die passende Präposition und setzt das eingeklammerte Substantiv in den richtigen Fall:

1. Игорь подошёл . . . (окно). 2. Ученики выбежали . . . (школа). 3. Вера Кремер приехала . . . (Москва). 4. Через неделю она уехала . . . (Гамбург). 5. Кошка подбежала . . . (Костя). 6. Люба прибежала . . . (подруга). 7. Ребята добежали . . . (река). 8. Ученики входят . . . (класс). 9. Учитель отошёл . . . (карта).

## 10 Aspektübung

Gebraucht den richtigen Verbaspekt:

1. Однажды старый солдат . . . домой с войны (шёл/пошёл). 2. Далеко было до родного дома. Он . . . до небольшой деревни и . . . в крайнюю избу (доходил/дошёл; стучался/постучался). 3. Дверь . . . старая старуха (открывала/открыла). 4. Солдат . . . и . . . на лавку (входил/вошёл; садился/сел). 5. Вдруг он . . . в углу топор и . . . хозяйке, что он может из топора сварить кашу (видел/увидел; говорил/сказал). 6. Долго стоял солдат перед котлом, . . . кашу и . . . её ложкой (варил/сварил; мешал/помешал). 7. Когда каша была готова, солдат со старухой . . . (ел/поел). 8. Потом он . . . дальше (шёл/пошёл).

# 4 Четвёртый урок

## 4.1 Введение

**1**

| | | | |
|---|---|---|---|
| Недавно | **мой** брат | был | в Москве. |
| | **моя́** сестра | была | |
| | **наш** учитель | | |
| | **на́ша** учительница | | |

| | | |
|---|---|---|
| Советские знакомые показали | **моему́** брату | город. |
| | **мое́й** сестре | Кремль |
| | **на́шему** учителю | МГУ |
| | **на́шей** учительнице | музей |
| | | . . . |

Дома мой брат (моя сестра, . . .) рассказывает:

| | | | |
|---|---|---|---|
| — В | **моём** номере | был, была, . . . | телефон. |
| | **мое́й** комнате | стоял, стояла, . . . | большой шкаф |
| | **на́шем** ресторане | висел, висела, . . . | большая картина |
| | **на́шей** гостинице | работал, работала, . . . | молодая официантка |
| | | | . . . |

Он (она) показывает нам снимки Москвы.

| | | | | | |
|---|---|---|---|---|---|
| На | пе́рвом | снимке | мы видим | знакомого | **моего** брата. |
| | второ́м | | | знакомую | **мое́й** сестры |
| | тре́тьем | | | | **на́шего** учителя |
| | . . . | | | | **на́шей** учительницы |
| | | | мы видим | **моего́** брата | в Кремле. |
| | | | | **мою́** сестру | около гостиницы |
| | | | | **на́шего** учителя | в музее |
| | | | | **на́шу** учительницу | в ресторане |
| | | | | | . . . |

Он (она) показывает и другие снимки.

| | | | | | |
|---|---|---|---|---|---|
| На | первом | стоит | Оля | с | **мои́м** братом. |
| | . . . | | Пётр | | **мое́й** сестрой |
| | | | Соня | | **на́шим** учителем |
| | | | . . . | | **на́шей** учительницей |

**2** Мой брат (моя сестра, . . .) говорит:

| — Посмотрите на | **э́тот** снимок. |
| --- | --- |
| | **э́ту** фотографию |

| На | **э́том** снимке | вы видите | меня с Олей. |
| --- | --- | --- | --- |
| | **э́той** фотографии | | гостиницу |
| | | | . . . |

| А теперь посмотрите | на **тот** снимок, который | лежит на столе. |
| --- | --- | --- |
| | на **ту** фотографию, которая | |

| На **том** снимке | вы видите | Кремль. |
| --- | --- | --- |
| На . . . фотографии | | Москву-реку |
| | | . . . |

Вот инженер. С **э́тим** инженером мы осматривали фабрику. А здесь вы видите меня перед **тем** кинотеатром, в котором мы смотрели фильм о Ленинграде.

Это учительница. С . . . учительницей мы осматривали школу. А здесь я стою вместе с . . . девушкой, которая пела под гитару.

**3** Рахмановы проводят отпуск на даче. Костя берёт **свой** планёр и **свою́** удочку. Нина тоже берёт **свои́** вещи. Они идут к реке. Нина разговаривает с **свои́м** братом.

Костя купается. **Его** планёр лежит на берегу.
Нина тоже купается. **Её** сумка висит на дереве.
Дети смотрят на берег. Вот прибегают **их** товарищи.

Костя пишет Серёже о **своём** планёре.
Он пишет, что вчера **его** планёр упал в воду.
Нина рассказывает подруге о . . . брате.
Она говорит, что . . . брат часто ходит на речку ловить рыбу.

**4**

Вот Петя рисует Наташу.
— Петя, что ты делаешь?
— Я рисую Наташу.

А Толя рисует **себя́**.
— Толя, что ты делаешь?
— Я рисую **себя**.

Мишка тоже рисует себя.

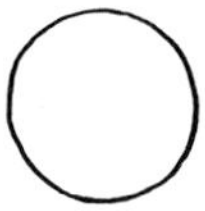 Кружочек — это голова.

 Палочка — это туловище.

 Четыре веточки — это две руки и две ноги.

— Мишка, это ты кого нарисовал?
— Себя.
— Ты молодец. А теперь сделаем тебе ещё глаза, нос и рот.
Вот посмотри:

 Точка,

 точка,

 запятая.

 Вот и голова кривая.

## 4.2 Тексты

### Рисунок

1 Саша был мой первый друг и жил со своей мамой на нашем этажé. От нашей квартиры до их квартиры было только два шагá по коридору. Мы с Сашей всегда были вместе.

Однажды я не нашёл моего друга на нашем дворé. Взрослые сказали, что он заболел и что его нельзя видеть. Приехал врач с чемоданчиком. Когда он через полчаса с тем же чемоданчиком выходил из нашего дома, он недовольно качал головой, и Сашина мама плакала. Всё говорило о том, что моему другу очень нехорошо.

Мне жаль было Сашу. Я побежал в коридор, и через дверь я услышал сильный кашель. Моему другу действительно было плохо. Я побежал в нашу квартиру, взял лист бумаги и нарисовал солнце, траву и себя: кружочек — это была голова; палочка — это было туловище; и четыре веточки — две рукú и две ногú.

2 Потом я вышел в коридор и тихо спросил через дверь:

— Саша, ты болеешь?
— . . . олею, — услышал я.
— На! Это я для тебя нарисовал. — Я положил под дверь листок.
— . . . сибо! . . .

Кашлять в комнате перестали. Кто-то засмеялся. Ну, конечно, смеялся Саша. В своей комнате он понял по моему рисунку, что на нашей улице солнце и зелёная трава. И что я играю на улице. Потом я услышал, как он попросил карандаш. И очень скоро из его комнаты показался лист бумаги.

Я увидел, что в моём рисунке было изменение. Рядом с моим мальчиком стоял другой: тот же кружок-голова, та же палочка-туловище, те же четыре веточки . . . Я понял: это Саша. Он тоже хочет греться на солнце и играть на улице. Я взял карандаш и соединил руки-веточки — это значит: они держатся крепко за руки. Потом я положил рисунок обратно. В тот вечер врач вышел из нашего дома весёлый.

### 3 Первые цветы

У Саши был велосипед. У меня тоже, только очень старый. Марина, девочка, которая тоже жила на нашей улице, иногда брала у одного из нас велосипед, и мне было обидно, когда она брала велосипед моего друга.

Однажды я решил написать Марине письмо. Это было моё первое письмо девочке, и я писал его весь день. И каждую строчку я писал разным цветом: сначала красным, потом голубым, зелёным . . . Я думал, что ей понравится такое письмо.

Два дня я не видел эту девочку, хотя всё время ездил на велосипеде у неё под окном. Потом вышел её старший брат и стал меня рассматривать. И по его лицу мне было ясно, что он всё знает. Потом брат ушёл, и выбежала Марина. И в знак того, что она довольна моим письмом, попросила у меня велосипед. Она проехала один раз и сказала:

— Ну, вот что. Принеси мне букет, и тогда ты полу́чишь от меня ответ. — И она топнула своей маленькой ногой. — Цветы нужны сейчас!

4 Я побежал в городской сад. Там цвели одуванчики. Я стал собирать большой букет для Марины. Вдруг испугался. Как же я пойду с этим букетом по улице? Что скажут товарищи, когда увидят меня с букетом? Я подумал об этом, положил букет под куст и пошёл домой.

На следующий день Марина играла с моей сестрой на тротуаре. Она взглянула на меня:

— Где же твои цветы?

Я побежал в городской сад. Нашёл место, куда я положил цветы — и увидел: вместо букета лежала куча вялой травы. Золотые цветы завяли. И вместе с тем завяла и кончилась моя любовь.

А Марина? Марина с того дня каталась только на Сашином велосипеде.

### 5 Диалоги

В комнате. Бабушка собирается уходить. Входит Юра.

| | | |
|---|---|---|
| Бабушка | — | Что ты делал? |
| Юра | — | Я играл с Ваней. |
| Бабушка | — | С каким Ваней? С тем, который живёт на пятом этаже́? |
| Юра | — | Да, с этим. |
| Бабушка | — | Ах, этот Ваня. Только и слышу об этом Ване. Идём. |
| Юра | — | Куда? |
| Бабушка | — | В город купить куклу сестре. |

В магазине.

| | | |
|---|---|---|
| Бабушка | — | У вас есть недорогие куклы? |
| Продавщица | — | Есть. Пожалуйста. Вот эти. |
| Бабушка | — | А те, в витрине? |
| Продавщица | — | Те дорогие. |
| Бабушка | — | А какая разница между этой и той куклой? |
| Продавщица | — | Та кукла открывает и закрывает глаза, а эта нет. Кроме того, на той дорогое платье, а на этой простое. |
| Бабушка | — | Покажите мне, пожалуйста, и эту куклу и ту, которая в витрине . . . Разрешите, я ещё раз посмотрю ту — дорогую . . . Да, это красивая кукла. Сколько она сто́ит? |
| Продавщица | — | Три рубля́. |
| Бабушка | — | А эта? |
| Продавщица | — | Семьдесят две копейки. |
| Бабушка | — | Дайте мне и ту и эту. |

— Угадай, что у меня в руке?
— Карандаш?
— Нет, не то.
— Ключ?
— Опять не то.
— Может быть, марка? Марка . . . для меня?
— Угадал(а)! Возьми. Это для тебя.

## 4.3 Упражнения

1 **Мой / наш** § 13

**Мой**
**Наш** друг Саша жил у нас в доме.

| | |
|---|---|
| Однажды у . . . друга был сильный кашель. | (мой) |
| К . . . другу приехал врач. | (наш) |
| Врач осмотрел . . . друга. | |
| Он разговаривал некоторое время с . . . другом. | |
| Потом он говорил с мамой о . . . друге. | |

Lest die Übung erneut und ersetzt друг durch подруга.

2 **Die Deklination der besitzanzeigenden Fürwörter** § 13

а) Ersetzt die kursiv gedruckten Substantive durch die Substantive in Klammern:

1. Толя написал *своему другу* письмо (подруга). 2. Марина попросила *своего брата* выйти на улицу (сестра). 3. Марина играла с *моим другом* на улице (сестра). 4. Врач вышел из *нашего дома* весёлый (квартира). 5. Вчера я говорил с *вашим учителем* (учительница). 6. В *нашей школе* висят интересные рисунки (класс).

б) Setzt die besitzanzeigenden Fürwörter in den richtigen Fall:

1. Саша жил с . . . мамой на . . . этаже (свой, наш). 2. Однажды я не нашёл Сашу на . . . дворе (наш). 3. . . . другу было нехорошо (мой). 4. Я побежал в . . . квартиру (наш). 5. Саша понял по . . . рисунку, что на . . . улице солнце и зелёная трава (мой, наш). 6. В . . . рисунке было изменение: рядом с . . . мальчиком стоял другой (мой, мой). 7. Марина иногда брала велосипед у . . . друга (мой). 8. В . . . городском саду цвели одуванчики (наш). 9. Я собрал большой букет для . . . подруги (мой).

3 **Свой / его, её, их** § 14

Setzt sinngemäß das richtige Fürwort ein:

1. Однажды Толя не нашёл . . . друга на дворе. 2. Он услышал, что . . . друг заболел. 3. В . . . комнате Саша понял по рисунку Толи, что на улице солнце и зелёная трава. 4. Толя увидел, что в . . . рисунке было изменение. 5. Рядом с . . . мальчиком стоял другой. 6. Толя был доволен . . . письмом. 7. Марина

два дня не выходила. Вышел только . . . старший брат. 8. Толя всё время ездил на . . . велосипеде у Марины под окном. 9. Наконец . . . подруга вышла на улицу. 10. Она сказала Толе, что она хочет покататься на . . . велосипеде.

4 **Этот / тот** § 16, 17

Setzt je nach dem Zusammenhang die passende Form von этот oder тот ein:

1. Марина попросила у Толи велосипед в знак . . . , что она довольна его письмом. 2. Она сказала Толе: Принеси мне букет. В городском саду около озера растут цветы. Ты знаешь . . . место? 3. Толя сделал . . . , что Марина ему сказала. 4. Он собрал большой букет. Но он не знал, что скажут товарищи, когда они увидят его с . . . букетом. 5. Он подумал о(б) . . . и положил букет под куст. 6. Толя подумал о(б) . . . , что товарищи могут увидеть его букет, и положил его под куст.

5 **Этот / тот** § 17

Bildet Sätze:

| | |
|---|---|
| Юра не знает, где его | галстук.<br>куртка<br>ботинки<br>. . . |

| | | |
|---|---|---|
| Он спрашивает | папу.<br>Витю и Надю<br>маму<br>. . . | Но **тот** тоже не знает.<br>Но **те** тоже не знают.<br>Но . . . |

| Ему говорят: | | | Он отвечает: |
|---|---|---|---|
| Какой галстук<br>Какую куртку<br>Какие ботинки<br>. . . | ты ищешь? | Вот **этот**?<br>Вот **эту**<br>. . . | Нет, это **не тот** галстук.<br>Нет, . . .<br>. . . |

**6** **Сашины вещи** § 18

а) Der Gebrauch der besitzanzeigenden Adjektive auf -ин:

Саша уехал, и его маленький брат Мишка смотрит, где **Са́шины** вещи.

Вот **Са́шин** велосипед.
Вот **Са́шина** куртка.
Вот **Са́шино** полотенце.
Вот **Са́шины** марки.

Мишка катается на **Са́шином** велосипеде. Он надевает **Са́шину** куртку. Он вытирается **Са́шиным** полотенцем. Он кладёт **Са́шины** марки на пол.

б) Beantwortet die Fragen und ergänzt:

| | | | | |
|---|---|---|---|---|
| Это Наташа? | — | Нет, это | *Наташина* | сестра. |
| Это Надя? | — | Нет, это | . . . | подруга. |
| Это Витя? | — | Нет, это | . . . | товарищ. |
| Это Серёжа? | — | Нет, это | . . . | брат. |
| Это Костя? | — | Нет, это | . . . | друг. |
| Это . . . ? | — | Нет, . . . | | |

| | | | | |
|---|---|---|---|---|
| Ты говорил(а) с | Наташей? | — | Нет, с | *Наташиной* сестрой. |
| | . . . | | | . . . |

| | | | | |
|---|---|---|---|---|
| Ты идёшь к | Наташе? | — | Нет, к | . . . |
| | . . . | | | . . . |

**7** **Präpositionen** § 19

| | | |
|---|---|---|
| вместо: | Мама больна. . . . хозяйничает Люба. | (мама) |
| | . . . у нас будет урок русского языка. | (математика) |
| | Я забыла купить чай. . . . будем пить кофе. | (чай) |
| кроме: | Все дети, . . . , играют на улице. | (Марина) |
| | Все завтракают . . . | (Олег) |
| | . . . , на столе стоит ещё молоко. | (чай) |
| между: | Какая разница . . . ? | (эта и та кукла) |
| | На концерте Катя сидит . . . | (папа и мама) |
| | . . . река. | (дача и лес) |
| рядом с: | В классе Толя сидит . . . | (Саша) |
| | Я живу . . . | (гостиница) |
| | Наш дом стоит . . . | (фабрика) |

8 **Ехать / ездить** § 20

Setzt sinngemäß die passenden Formen von ехать oder ездить in der Gegenwart ein:

1. Сегодня воскресенье. Профессор Лыжников не . . . в институт. 2. Люба часто . . . к бабушке за́ город. 3. Иногда Вера . . . к Соне в гости на дачу. 4. Вот маленький фотограф сидит в трамвае. Он . . . в гостиницу „Европейская". 5. Сегодня я . . . в школу на автобусе. 6. Обыкновенно я . . . в школу на трамвае. 7. Толя всё время . . . у Марины под окном. 8. После разговора с Мариной Толя . . . на велосипеде в городской сад.

9 **Бежать / побежать** § 21

я бегу́
они бегу́т
мы бежи́м
он бежи́т
ты бежи́шь
вы бежи́те

Ergänzt:

— Лара, куда ты **бежишь**?
— Я . . . к Наташе. Она сегодня утром заболела.
— Коля и Дима, а вы куда . . . ?
— Сегодня футбол. Мы . . . на стадион.

Лара . . . к Наташе.
Коля и Дима . . . на стадион.

— Где Лара? — Она **побежала** к Наташе.
— Где Коля и Дима? — Они . . .

10 **Aspektübung**

Gebraucht den richtigen Verbaspekt:

1. Однажды Саша . . . (болел/заболел). 2. . . . врач и . . . его (приезжал/приехал; осматривал/осмотрел). 3. Через полчаса врач с Сашиной мамой . . . из дома (выходил/вышел). 4. Врач . . . головой, и Сашина мама . . . ; всё говорило о том, что Саше очень нехорошо (качал/покачал; плакала/заплакала). 5. Тогда Толя . . . в свою квартиру и . . . на листе бумаги солнце, траву и себя (бежал/побежал; рисовал/нарисовал). 6. Он . . . листок с рисунком под дверь (клал/положил). 7. Вдруг кто-то . . . (смеялся/засмеялся). 8. Ну, конечно, . . . Саша (смеялся/засмеялся). Саша . . . по Толиному рисунку, что на улице солнце и зелёная трава (понимал/понял).

11 **Wortbildungsgesetze — Verkleinerungsformen** § 22

а) лист — лист**óк**; круг — круж**óк**; сын — . . . ; ветер — . . . ; город — . . . ; друг — . . .: снег — . . .

лист — лист**óк** — лист**óчек**;
сын — . . . — . . . ;
круг — . . . — . . .

б) дом — дó**мик**; дождь — дóжд**ик**; час — . . . ; год — . . . ; раз — . . .; сад — . . . ; нос — . . .

в) чемодан — чемодáн**чик**; диван — дивáн**чик**; стакан — . . .

г) рыба — ры́б**ка**; река — рé**чка**; минута — . . . ; комната — . . . ; рука — . . . ; нога — . . . ; старуха — . . . ; бумага — . . . ; палка — пáл**очка**; ветка — . . . ; лодка — . . . ; кошка — кóш**ечка**; чашка — . . . ; ложка — . . . ;

минута — минý**тка** — минýт**очка**;
книга — . . . — . . .

## 5 Пятый урок

### 5.1 Введение

1 Вот на карте

- город **Áстрахань** (на Волге)
- город **Казáнь** (на Волге)
- город **Сы́зрань** (на Волге)
- город **Пермь** (на Каме)
- город **Рязáнь** (вблизи Окú)
- город **Тамáнь** (на Чёрном море)
- город **Тюмéнь** (в Сибири)
- река **Обь** (в Сибири)

Сначала учительница показывает **Áстрахань** / **Казáнь** / . . . на карте.

Потом она показывает фотографии **Áстрахани.** / **Казáни** / . . .

Эти фотографии она сделала во время экскурсии по **Áстрахани**. / по **Казáни** / по . . .

Учительница интересно рассказывает об **Áстрахани**. / о **Казáни** / о . . .

| Так ученики знакомятся | с **А́страханью**. |
|---|---|
| | с **Каза́нью** |
| | с . . . |

Скажите, в каком городе учительница была.

2 — Витя (Наташа), ты пойдёшь **со мной** в цирк?
— Нет, сегодня **я до́лжен (я должна́)** пойти к врачу.
— А вчера что было **с тобо́й**?
— Вчера я **до́лжен был** (я **должна́ была́**) помогать маме. Завтра я буду свободен (свободна).

— Ребята, вы пойдёте **с на́ми** в кино?
— Нет, мы не можем идти **с ва́ми**. Сегодня футбол. Мы **должны́** пойти на стадион.
— А завтра вы свободны?
— Нет, завтра мы тоже заняты. Мы **должны́ будем** поехать к больному товарищу.

Составьте такие же диалоги:

| — Ты пойдёшь | со мной | в . . . ? |
|---|---|---|
| Вы пойдёте | с нами | |

— Нет, я не могу идти с . . . / Мы не можем . . .
— Почему нет?
— Я должен . . . / Я должна . . . / Мы . . .

3 **Познакомьтесь с Кремлём и с Красной площадью!**

Посмотрите на рисунок Кремля. Вокруг Кремля проходит высокая красная стена. В Кремле находятся красивые соборы. Один знаменитый собор — Покровский собор или храм Василия Блаженного — стоит перед Кремлём, на юго-восточной стороне Красной площади. На другой стороне Красной площади находится Исторический музей. Перед Кремлёвской стеной мы видим мавзолей Ленина, а рядом стоит знаменитая Спасская башня. Напротив расположен Государственный универсальный магазин или ГУМ.

4

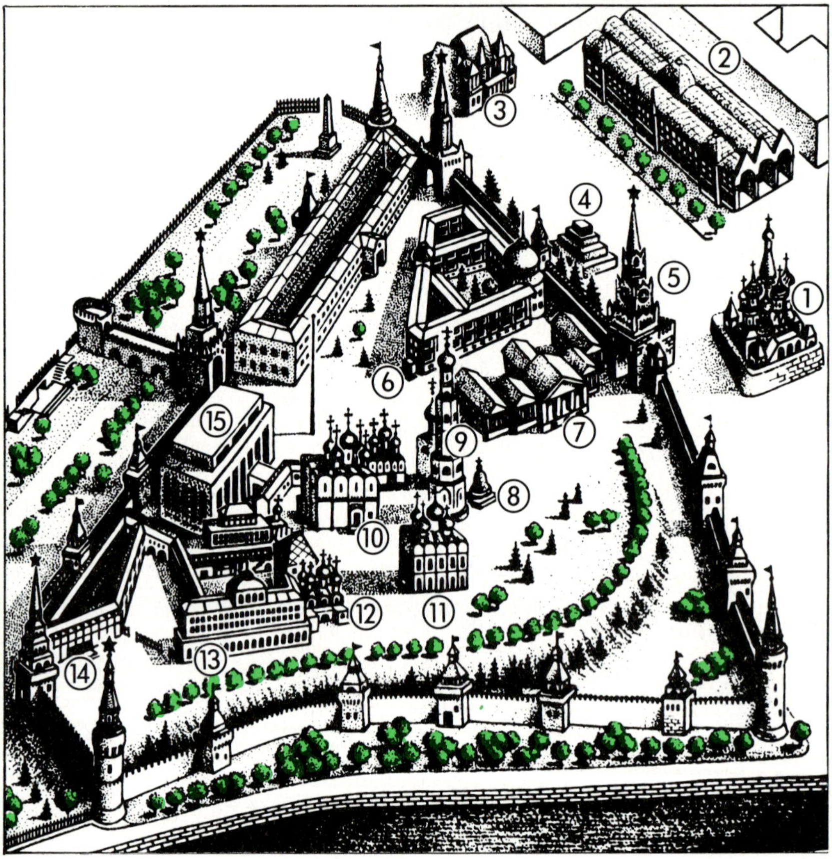


① Покровский собор
② Государственный универсальный магазин (ГУМ)
③ Исторический музей
④ Мавзолей Ленина
⑤ Спасская башня
⑥ Здание Совета Министров СССР
⑦ Здание Президиума Верховного Совета СССР
⑧ Царь-колокол
⑨ Колокольня Ивана Великого
⑩ Музей-Успенский собор
⑪ Музей-Архангельский собор
⑫ Музей-Благовещенский собор
⑬ Большой Кремлёвский дворец
⑭ Оружейная палата
⑮ Дворец съездов

### 5 Познакомьтесь с Москвой!

Изучите план Москвы. Потом расскажите, где находятся площади, улицы, некоторые известные здания города.

| | | | | | |
|---|---|---|---|---|---|
| Красная площадь | находится | рядом с | | | . . . |
| Большой театр | | около | | | |
| Исторический музей | | совсем близко от | | | |
| Библиотека имени Ленина | | недалеко от | | | |
| Зоопарк | | на | север | от | |
| Киевский вокзал | | | юг | | |
| | | | . . . | | |
| Улица Герцена | | | | | |
| Проспект Калинина | | | | | |
| . . . | | | | | |

### 6 Как добраться туда?

— Скажите, пожалуйста, как добраться до Киевского вокзала?
— Можно ехать на метро до станции „Парк культуры«, там вы сделаете пересадку на кольцевую линию.

— Вы не скажете мне, как попасть на улицу Герцена?
— Можно дойти пешком. Это недалеко. Идите прямо, а потом налево.

Составьте такие же диалоги:

| | | | |
|---|---|---|---|
| — Скажите, пожалуйста, | как | доехать | до площади Дзержинского. |
| Простите, пожалуйста, | | добраться | до . . . |
| Вы не знаете, | | попасть | на Смоленскую площадь |
| Извините, вы не знаете, | | | на . . . |
| Вы не скажете мне, | | проехать | к Большому театру. |

| | | |
|---|---|---|
| Скажите, пожалуйста, | гостиница „Минск“, | как туда проехать? |
| | Большой театр | |
| | . . . | |

— Вы можете доехать туда на . . . автобусе (троллейбусе).
Туда идёт . . . автобус (троллейбус, трамвай).

Можно ехать на метро до станции . . . ,
там вы сделаете пересадку на . . . линию.
а дальше на . . . автобусе.
а там спросите.
Можно дойти пешком. Идите . . . , а потом . . .
Возьмите такси. Вот стоянка.

7

1 2 3 4 5

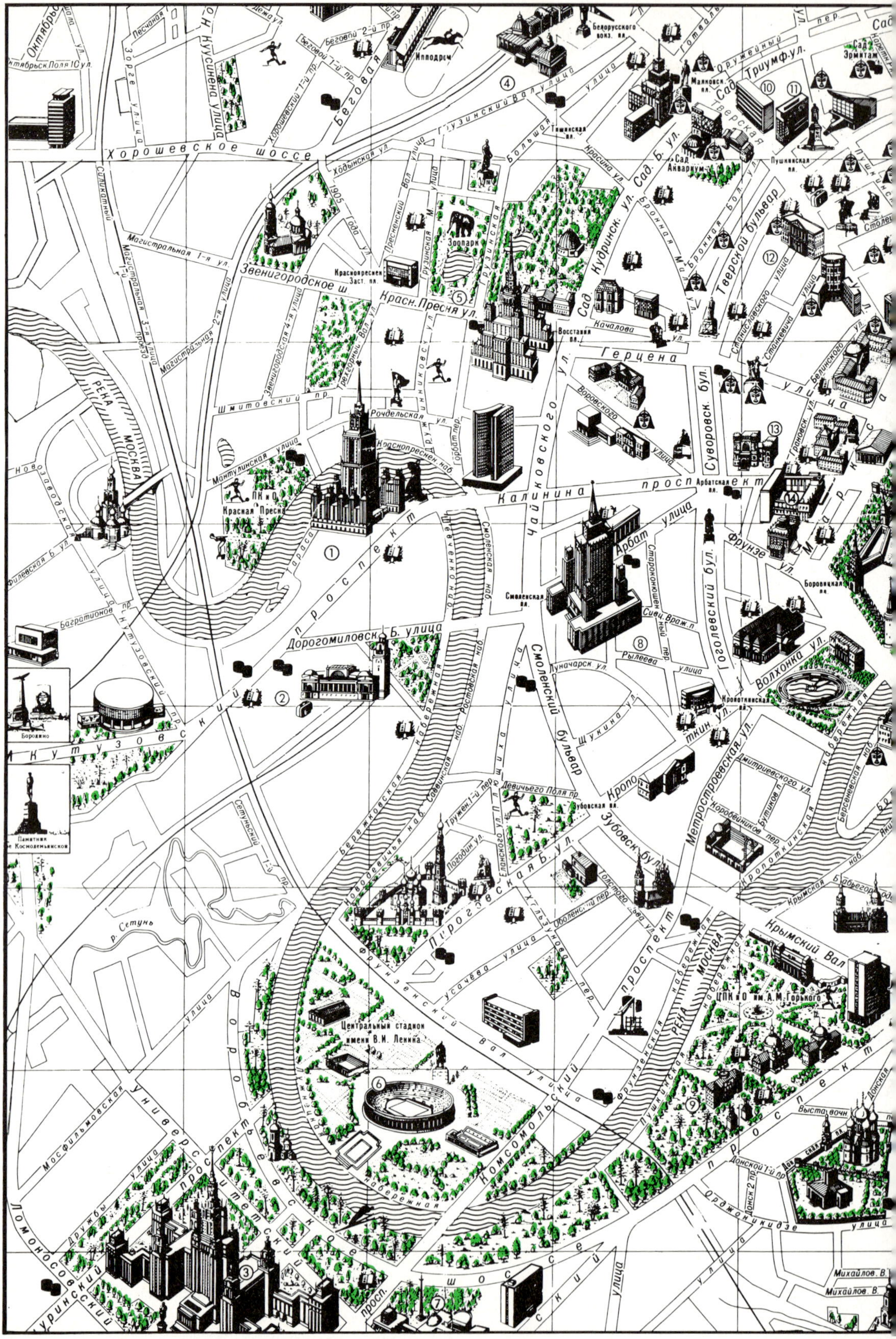


1 2 3 4 5

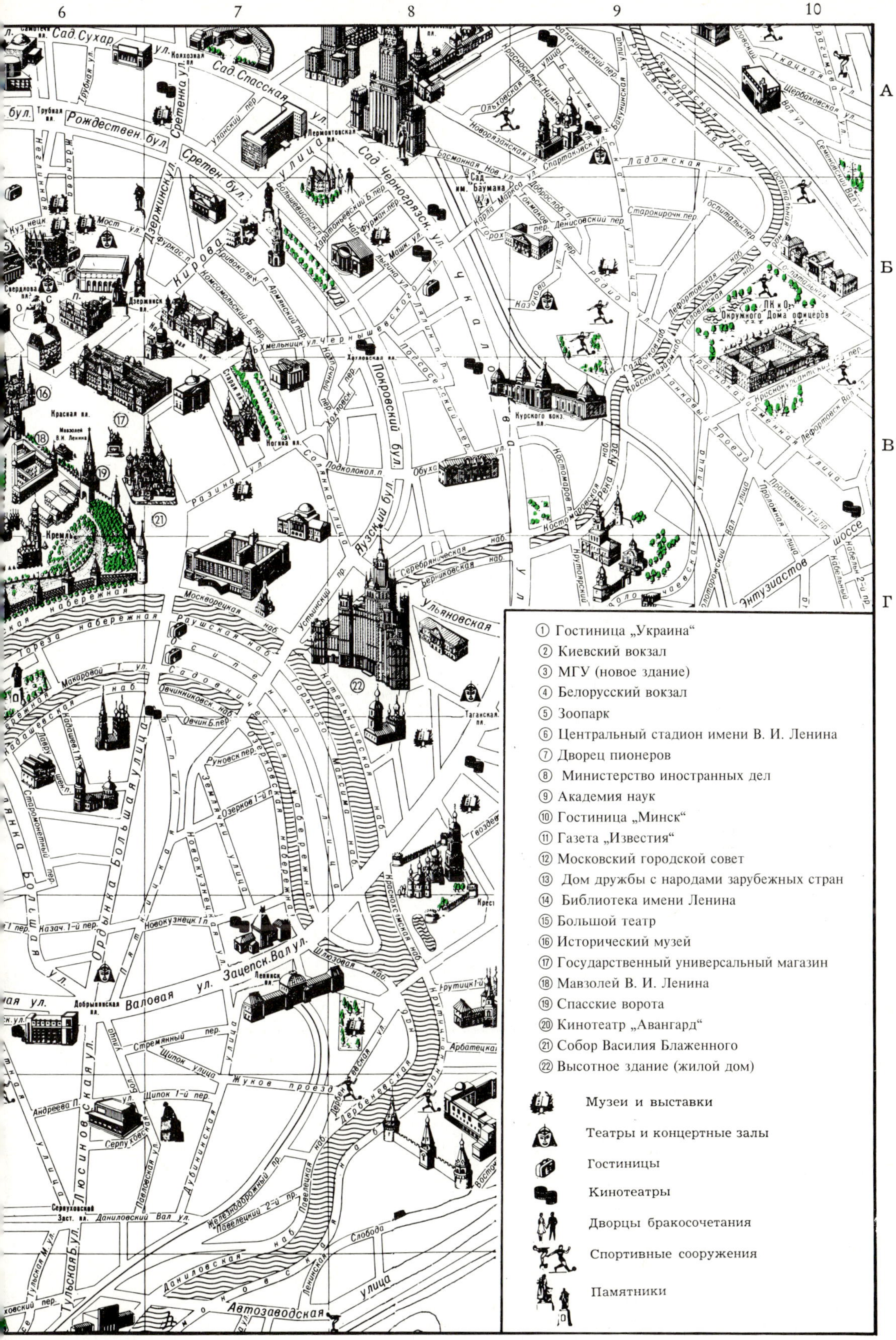
6
7
8
9
10
А
Б
В
Г
① Гостиница „Украина“
② Киевский вокзал
③ МГУ (новое здание)
④ Белорусский вокзал
⑤ Зоопарк
⑥ Центральный стадион имени В. И. Ленина
⑦ Дворец пионеров
⑧ Министерство иностранных дел
⑨ Академия наук
⑩ Гостиница „Минск“
⑪ Газета „Известия“
⑫ Московский городской совет
⑬ Дом дружбы с народами зарубежных стран
⑭ Библиотека имени Ленина
⑮ Большой театр
⑯ Исторический музей
⑰ Государственный универсальный магазин
⑱ Мавзолей В. И. Ленина
⑲ Спасские ворота
⑳ Кинотеатр „Авангард“
㉑ Собор Василия Блаженного
㉒ Высотное здание (жилой дом)
Музеи и выставки
Театры и концертные залы
Гостиницы
Кинотеатры
Дворцы бракосочетания
Спортивные сооружения
Памятники
Красная пл.
Кремль
Рождествен. бул.
Сретенский бул.
Покровский бул.
Яузский бул.
Курского вокз. пл.
Таганская пл.
Добрынинская пл.
Валовая ул.
Автозаводская
Энтузиастов шоссе
Ульяновская
Москворецкая наб.
Раушская наб.
Садовническая
Ордынка Большая улица
Люсиновская ул.
Тульская Б. ул.
Серпуховской Заст. пл.
6
7
8

8

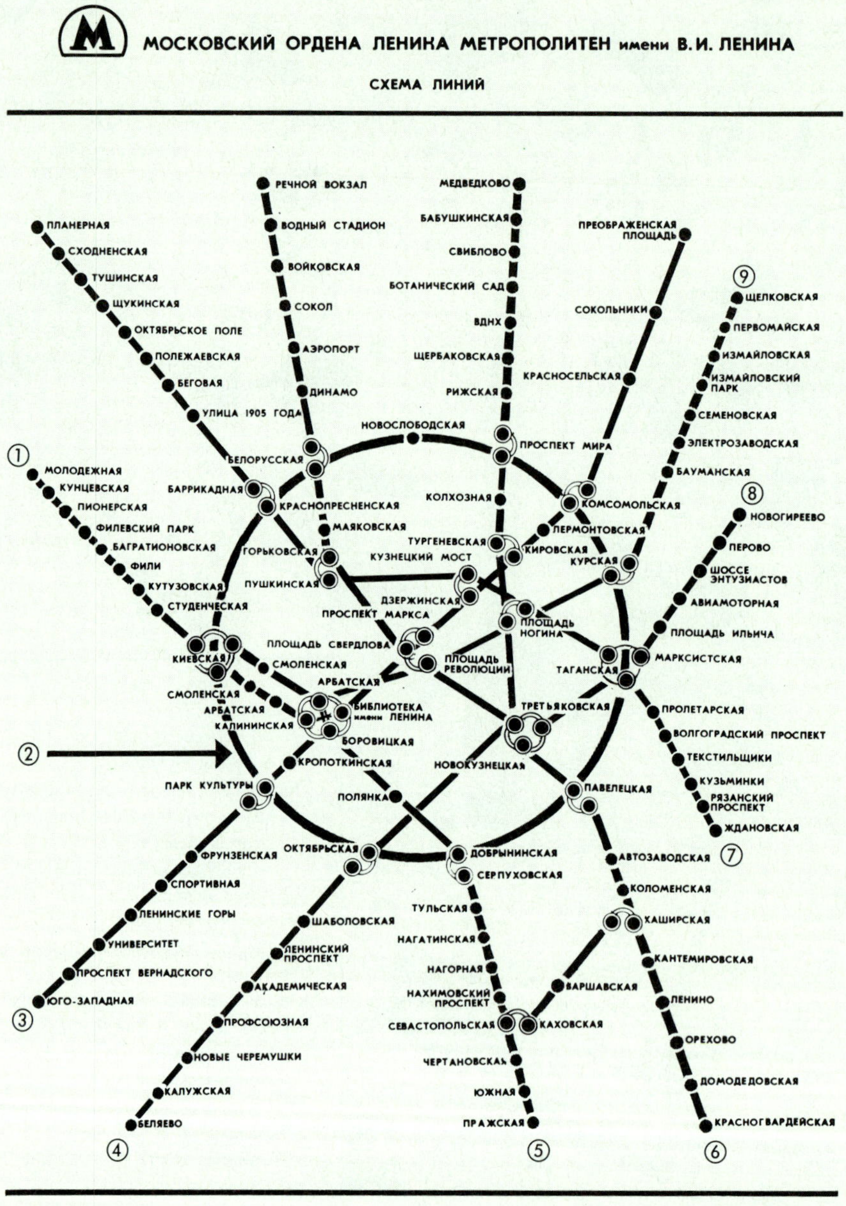


① Филёвская линия
② Кольцева́я линия
③ Ки́ровско-Фру́нзенская линия
④ Калу́жско-Ри́жская линия
⑤ Серпуховска́я линия
⑥ Го́рьковско-Замоскворе́цкая линия
⑦ Жда́новско-Краснопре́сенская линия
⑧ Кали́нинская линия
⑨ Арба́тско-Покро́вская линия

## 5.2 Тексты

### Письмо из Москвы

1 Милая мама!

Позавчера вечером мы приехали в Москву. Ехали мы почти два дня. Со мной в купе было ещё два человека — все экскурсанты. Мы много шутили, смеялись и вообще ехали очень хорошо. Обедали мы в вагоне-ресторане, а чай проводник вагона приносил нам в купе. Доро́гой я много смотрел в окно. Я видел бесконечные пространства: леса, поля, сёла, иногда города, и снова поля и леса.

И вот я в Москве. Остановились мы в гостинице „Минск“. Когда мы приехали, мы сразу же должны были отдать паспорта́ на регистрацию. У нас есть переводчица, которая ходит с нами по городу и показывает нам интересные места́. Мы можем, конечно, ходить по городу и одни, но я хожу пока с переводчицей, так как я ещё плохо знаю город.

2 Вчера мы были на Красной площади и в Кремле́. Это очень красивое место — сердце Москвы, как нам объяснила переводчица. В Кремле находятся знаменитые соборы, которые мы осматривали с большим интересом. Там же мы видели и совсем современное здание: Дворец съездов. В этом здании можно посмотреть балет или послушать оперу. Вот сегодня переводчица нам сказала: „Завтра мы идём с вами смотреть классический русский балет“. Нам обещали билеты на „Лебединое озеро“ во Дворец съездов. Я очень доволен.

Интересно гулять по Красной площади. Здесь останавливаются туристы и фотографируют друг друга. На одной стороне Красной площади находится высокая Кремлёвская стена и Спасская башня с красной звездой наверху, а перед стеной — мавзолей Ленина. Когда мавзолей открыт, бывают длинные очереди. В очереди стоят мужчины и женщины, старые и молодые, русские и иностранцы: африканцы, французы, англичане, венгры, кубинцы . . . Все хотят посмотреть на Ленина. Недалеко находится чудесный Покровский собор, который мне очень понравился. Этот собор построили по приказу Ивана Грозного, когда он взял город Казань.

3 Улицы в Москве очень широкие. Переводчица рассказала, что главные улицы расходятся от Кремля, как солнечные лучи́. Их пересекают другие, кольцевые улицы. Эти улицы проходят там, где раньше были городские сте́ны. У нас ещё не́ было плана города, но у переводчицы план был, и мы видели, что улицы в Москве расположены как большая паутина.
Кстати, в Москве и без плана можно узнать, где находится нужная улица, как туда проехать. Можно легко узнать, где живёт знакомый. Всюду есть справочные бюро — небольшие киоски, где адрес или справку дают очень быстро.
Мне нравится, что центр города чистый. Очень чисто и в метро. Поезда́ приходят очень часто, через две-три минуты, так что не надо ждать. В метро продаются газеты, книги, цветы. Интересно стоять на станции метро и смотреть, что делается вокруг.
Уже поздно. Кончаю писать. Завтра я еду с частью нашей группы осматривать Московский университет, а на послезавтра у меня есть билет в Большой театр на „Бориса Годунова“.
Что нового дома, милая мама? Жаль, что ты должна была остаться дома и что мы с тобой не можем вместе посмотреть этот город. Здесь очень интересно.

Целую тебя
Рольф

### 4 Диалог

**Серёжка потерялся в Москве**

Милиционер — Мальчик, ты почему один? Ты потерялся?
Серёжка — Нет, я здесь. Моя мама потерялась.
Милиционер — А где ты живёшь? Ты знаешь, как доехать домой?
Серёжка — На автобусе.
Милиционер — На каком?
Серёжка — На красном.
Милиционер — А номер ты знаешь?
Серёжка — Нет, я знаю только буквы, а цифры не знаю.
Милиционер — Ну, хорошо. А на метро туда добраться можно?
Серёжка — Можно. Мы живём около метро.
Милиционер — А как называется станция?
Серёжка — Я забыл.
Милиционер — Новая или старая?
Серёжка — Новая, красивая. На стене рыбы.
Милиционер — А-а! Речной вокзал?
Серёжка — Да, Речной вокзал. А вы откуда знаете?
Милиционер — Я всё знаю. Поедем домой. Адрес помнишь?
Серёжка — Конечно, помню. Я не маленький. Через год я пойду в школу.

## 5.3 Упражнения

### 1 Die и-Deklination § 23

а) Вот **Красная площадь.**

| | |
|---|---|
| На одной стороне . . . находится Кремль.<br>Туристы гуляют по . . .<br>Вот один турист фотографирует . . .<br>Другой фотографирует часть Кремля с . . .<br>Вот два туриста останавливаются на . . . и фотографируют друг друга. | (Красная площадь) |

б) Setzt die Substantive in Klammern in den richtigen Fall:

1. Игорь подходит к . . . (дверь). 2. Ребята стоят перед . . . (дверь). 3. Юра пришёл на урок только с одной . . . (тетрадь). 4. Учитель видит в . . . пятно (тетрадь). 5. Рахмановы бывают на даче до начала . . . (осень). 6. Переводчица едет с . . . немецкой группы в МГУ (часть). 7. Я хочу сказать тебе две . . . (вещь).

## 2 Страны и народы § 24, 25

а) Вот страны: Австрия, Англия, Бельгия, Венгрия, Голландия, Греция, Дания, Индия, Испания, Италия, Китай, Куба, Норвегия, Польша, Турция, Франция, Швейцария, Швеция, Югославия, Япония, . . .
В них живут: австрийцы, англичане, бельгийцы, венгры, голландцы, греки, датчане, индийцы, испанцы, итальянцы, китайцы, кубинцы, норвежцы, поля́ки, турки, французы, швейцарцы, шведы, югославы, японцы, . . .

Австрийцы живут в Австр**ии**.
Англичане живут в Англ**ии**.
. . . живут в . . .
Китайцы живут в Кита**е**.
Французы живут **во** Франц**ии**.
. . .

Русские, украинцы, белорусы, узбеки и другие советские народы живут в Советском Союзе или в СССР. (СССР — это Союз Советских Социалистических Республик.) Американцы живут в США. (США — это Соединённые Штаты Америки.)
Немцы живут в Германии или в ФРГ. (ФРГ — это Федеративная Республика Германия.)

б) Vergleicht und ergänzt:

инди́ец — инд**и́й**цы
кита́ец — кит**а́й**цы

австриец — . . .
бельгиец — . . .
европеец — . . .

## 3 Англичанин — англичане § 26

а) Я англич**а́нин**, я живу в Англии. — В Англии живут англич**а́не**.
Я датч**а́нин**, я живу в Дании. — В Дании живут датч**а́не**.
Я киевл**я́нин**, я живу в Киеве. — В Киеве живут киевл**я́не**.
Я париж**а́нин**, я живу в Париже. — В Париже живут . . .
Я ри́мл**янин**, я живу в Риме. — В Риме . . .
Я север**я́нин**, я живу . . . — На . . .
Я юж**а́нин**, я живу . . . — На . . .

б) Англичанин — это мужчина. Датчанин — это . . . . . . . . .

Англичанка — это женщина. Датчанка — это . . . Киевлянка — . . . . . .

в) Скажите, где живут киевляне, датчане, ри́мляне, южане, англичане, северяне, парижане.

## 4 Präpositionen § 29

| | | |
|---|---|---|
| без: | ... не впускают в театр. | (билет) |
| | Вера сегодня ушла ... | (шляпа) |
| | Юра остался ... | (завтрак) |
| во время: | ... Рольф много фотографировал. | (экскурсия) |
| | ... мы много купались. | (отпуск) |
| | ... ребята разговаривали и шутили. | (завтрак) |

## 5 Что было / чего не было § 30

Antwortet verneinend:

| | |
|---|---|
| У Рольфа был фотоаппарат? | Нет, у него *не было фотоаппарата.* |
| У Веры была гитара? | Нет, у неё *не было* ... |
| У мамы в чемодане было одеяло? | Нет, ... |
| У переводчицы был план города? | Нет, ... |
| У учителя была ручка? | Нет, ... |
| У Марины был велосипед? | Нет, ... |

| | | |
|---|---|---|
| Когда вы были на даче, | у вас был телефон? | Нет, ... |
| | у вас была лодка | |
| | вокруг дачи был лес | |
| | около дачи было озеро | |
| | рядом с вами был магазин | |
| | в посёлке был кинотеатр | |

## 6 Wortbildungsgesetze — internationale Fremdwörter: экскурсия

Vergleicht die russischen Wörter mit ihrer deutschen Entsprechung:

а) академия, биология, геология, зоология, категория, поэзия, психология, симфония, стенография, теория, фотография, энергия.

б) комедия, лилия, линия, мумия, серия, трагедия.

в) агрессия, дискуссия, канализация, капитуляция, комиссия, конструкция, лекция, организация, пенсия, порция, революция, спекуляция, экскурсия.

г) бюрократизация, демократизация, индустриализация, консервация, модернизация, нормализация, регистрация, специализация, стабилизация.

д) аудитория, лаборатория, магнезия, стипендия, территория.

**7** **Wortbildungsgesetze — internationale Fremdwörter: мавзолей**

Vergleicht die russischen Wörter mit ihrer deutschen Entsprechung:

а) **ав**густ, **Ав**стралия, **ав**тобус, **ав**томат, **ав**томатизация, **ав**томобиль, **ав**тор, **ав**торитет, космон**авт**, м**ав**золей, П**ав**ел, рест**ав**рация.

б) **Ев**гений, **Ев**ропа, не**в**роз, пс**ев**доним, р**ев**матизм.

# 6 Шестой урок

## 6.1 Введение

**1** Пионерский лагерь. Дети лежат на берегу моря и рассказывают о своей жизни. Они спрашивают друг друга о районе, о городе, о школе.

| | | | | | |
|---|---|---|---|---|---|
| У вас | в районе | есть | теа́тры? | Да, у нас много | **теа́тров.** |
| | в городе | | рестора́ны | Да, у нас несколько | **рестора́нов** |
| | на севере | | па́рки | Нет, у нас нет | **па́рков** |
| | на юге | | музе́и | | **музе́ев** |
| | на . . . | | трамва́и | | **трамва́ев** |
| | | | автомоби́ли | | **автомоби́лей** |
| | | | пло́щади | | **площаде́й** |
| | | | гаражи́ | | **гараже́й** |
| | | | врачи́ | | **враче́й** |
| | | | озёра | | **озёр** |
| | | | боло́та | | **боло́т** |
| | | | фа́брики | | **фа́брик** |
| | | | гости́ницы | | **гости́ниц** |
| | | | . . . | | . . . |

**2**

| | | | |
|---|---|---|---|
| Около | Юры | лежат другие | мальчики. |
| | Нины | | девочки |
| | . . . | | ребята |
| | | | . . . |

| | | | |
|---|---|---|---|
| Юра | рассказывает | **ма́льчикам** | о своём городе. |
| Нина | | **де́вочкам** | о своей школе |
| . . . | | **ребя́там** | о . . . |
| | | **това́рищам** | |
| | | **де́тям** | |
| | | . . . | |

| | | | |
|---|---|---|---|
| Он<br>Она | показывает | **друзья́м**<br>**подру́гам**<br>. . . | фотографии. |

| | |
|---|---|
| **Ребя́там**<br>**Де́тям**<br>. . . | нравятся фотографии. |

3

| | | | |
|---|---|---|---|
| Юра<br>Нина | рассказывает о | **теа́трах**<br>**музе́ях**<br>**па́рках**<br>**фа́бриках**<br>**магази́нах**<br>. . . | в городе. |

| | | |
|---|---|---|
| Товарищам<br>Ребятам<br>. . . | нравится рассказ о | театрах.<br>. . . |

4

| | |
|---|---|
| Потом ребята показывают друг другу | **журна́лы**.<br>**ма́рки**<br>**кни́ги**<br>. . . |

| | | | |
|---|---|---|---|
| Витя спрашивает | **ма́льчиков**,<br>**де́вочек**<br>**ребя́т**<br>**това́рищей**<br>**друзе́й**<br>. . . | откуда эти | журналы.<br>. . . |

5

| | | |
|---|---|---|
| Наконец | Витя<br>Тамара | предлагает купаться. |

| | | |
|---|---|---|
| Он с<br>Она с | **ма́льчиками**<br>**де́вочками**<br>**ребя́тами**<br>**това́рищами**<br>**друзья́ми**<br>. . . | идёт в море. |

## 6.2 Тексты

**Здравствуйте, дети!**

1 „Артек“ — это огромный пионерский лагерь-санаторий в Крыму, на берегу Чёрного моря. Там каждый год отдыхают тысячи детéй — из Советского Союза, а также из-за границы.
Мы приехали в лагерь к вечеру. Ребята уже были в комнатах.
Директор лагеря, старая учительница Вера Петровна, предложила нам зайти в комнаты к ребятам. Мы с удовольствием согласились.

— Спокойной ночи! — сказала Вера Петровна девочкам и хотела погасить свет. Но вдруг раздался голос маленькой бельгийки Жюльетты:
— А мне, мадам, совсем не хочется спать.

Вера Петровна улыбнулась:
— Ну, что ж! Тогда будем слушать тишину . . .
— А разве тишина умеет говорить?
— Конечно, девочка!
— А на каком языке, мадам?
— Каждая девочка услышит её на своём — родном. Закройте глаза и слушайте вместе с Жюльеттой тишину . . . Спокойной ночи!

Мы попрощались с девочками и пошли к мальчикам.

2 В комнате мальчиков индиец Лакшми́, который приехал только сегодня, обратился к Вере Петровне:
— Можно спросить?
— Конечно, — ответила она.
— Мы будем здесь работать?
— Нет, Лакшми, здесь вы будете отдыхать.
— А я привык во время каникул помогать родителям, когда они работают в поле.
— Ну, что ж, это неплохо. Тогда тебе наверное понравится то, что мы завтра собираемся делать.

Лакшми внимательно и серьёзно слушал.

— Завтра — продолжала Вера Петровна — каждый из вас посадит одно фруктовое дерево . . . Вас много, поэтому скоро здесь будет новый фруктовый сад . . . А впереди у нас ещё одно интересное дело: это поход на Аю-Даг.

3 Она показала рукой на высокую го́ру, которая была видна из о́кон спальни. Все посмотрели туда. На гора́х висел вечерний туман, и за гора́ми всходила луна.

Кто-то из мальчиков спросил:
— Когда мы пойдём туда? Послезавтра?

Вера Петровна улыбнулась и ответила:
— Нет, вы ещё узнаете . . . Ну, теперь спать! . . .

Когда мы вышли из спальни, Вера Петровна сказала нам:
— Это очень важно, что здесь, у нас, собрали́сь дети со всего мира. Здесь они могут подружиться; они поедут домой как настоящие друзья.

На следующий день с утра́ мы вместе с ребятами сажали деревья. Работа кипела. Через два часа сад был готов. А как назвать его?
— Может быть, „сад друзей"? — предложила одна из девочек. Так мы его и назвали.

**4 Диалоги**

— Что вы делаете летом?
— Идём в поход.
— Куда?
— В горы, конечно, как всегда.
— А где вы будете спать?
— В палатке, где же ещё? Мы очень любим природу и свежий воздух.

— Где вы были вчера?
— На реке. Мы купались, загорали, ловили рыбу.
— А в плохую погоду вы тоже ходите в поход?
— Обязательно. В лесу всегда хорошо. Даже зимой, если не слишком холодно, мы идём в поход на лыжах.

**5 Картошка**

Шуточная пионерская походная песня | Слова В. Попова

1. Ну, споёмте-ка, ребята!
Жили в лагере мы как
И на солнце, как котята,
Грелись этак, грелись так.

2. Наши бедные желудки
Были вечно голодны,
И считали мы минутки
До обеденной поры.

3. Дым костра, углей сиянье,
Серый пепел и зола.
Дразнит наше обонянье
Дух картошки у костра.

4. Здравствуй, милая картошка,
Низко бьём тебе челом!
Даже дальняя дорожка
Нам с тобою нипочём!

5. Ах, картошка, объяденье,
Пионеров идеал!
Тот не знает наслажденья,
Кто картошки не едал!

---

шуточный — Scherz-, походный — Marsch-, умеренно — mäßig, gemäßigt, споёмте-ка — singen wir doch mal, жили . . . мы как = как мы жили, котята — kleine Katzen, Katzenjunge, этак — so, бедный — arm, желудок — Magen, вечно — ewig, immer, голодный — hungrig, обеденная пора — Mittagszeit, дым — Rauch, костёр — Lagerfeuer, сиянье — Leuchten, пепел — Verbranntes, Asche, зола — Asche, дразнить — reizen, erregen, обонянье — Geruchssinn, дух — Geruch, чело — Stirn, низко бить челом — sich tief verbeugen, дальний — fern, entlegen, дорожка — Dim.: Weg, нипочём — es fällt nicht schwer, объяденье — etwas außergewöhnlich Schmackhaftes, идеал — Ideal, наслажденье — Genuß, едать — essen.

### ❻ Животные

Посмотрите на рисунки. Вот домашние животные.

Скажите, где они живут. Какие животные живут дома, какие живут в колхозе на ферме?
Какие животные большие, какие маленькие?
Какие животные ходят, плавают, летают?
Какие животные дают мясо, какие дают молоко?
Какого цвета животные?
Какое животное вы любите? Есть у вас дома животное?

❼ А это дикие животные.

Скажите, где они живут.
(В Африке, в Азии, в Америке, в Австралии, в Европе, в Арктике, в Антарктике)
Какие животные большие, какие маленькие?
Какие животные живут в лесу, какие в поле, в степи?
Какие животные живут на деревьях?
Какие животные быстро бегают?
Какие животные любят фрукты, какие ловят рыбу?

### 6.3 Упражнения

**1** **Die Pluraldeklination der Substantive: Genitiv Plural** § 33, 35

| | | | | | | |
|---|---|---|---|---|---|---|
| У вас | дома | есть | ослы́? | Да, у нас | пять | **осло́в**. |
| | на даче | | ло́шади | | шесть | **лошаде́й** |
| | в деревне | | гу́си | | семь | **гусе́й** |
| | . . . | | сви́ньи | | . . . | **свине́й** |
| | | | коро́вы | | двадцать | **коро́в** |
| | | | ко́зы | Да, у нас много | | **коз** |
| | | | соба́ки | Да, у нас несколько | | **соба́к** |
| | | | ко́шки | Нет, у нас нет | | **ко́шек** |
| | | | о́вцы | | | **ове́ц** |
| | | | у́тки | | | **у́ток** |
| | | | **ку́ры** | | | **кур** |

| | | | | | |
|---|---|---|---|---|---|
| У вас в зоопарке | есть | львы? | Да, там | пять | **львов**. |
| | | волки | | шесть | **волков** |
| | | зайцы | | . . . | **зайцев** |
| В Европе | | белки | | двадцать | **белок** |
| В Африке | | тигры | Да, там много | | . . . |
| В Азии | | попугаи | Нет, там нет | | . . . |
| В Америке | | олени | | | |
| В Австралии | | слоны | | | |
| В Арктике | | лисицы | | | |
| В Антарктике | | пингвины | | | |
| | | жирафы | | | |
| | | медведи | | | |
| | | обезьяны | | | |

## 2 Die Pluraldeklination der Substantive: Genitiv Plural § 33, 34, 35

Ergänzt:

| | |
|---|---|
| Сколько у тебя *бра́тьев* и *сестёр*? | (братья, сёстры) |
| Сколько у Нины . . . ? | (блузки, юбки, шляпы) |
| Сколько на столе . . . ? | (чашки, стаканы, тарелки) |
| Сколько в комнате . . . ? | (столы, стулья, кресла, лампы, картины) |
| Сколько в школе . . . ? | (учителя, учительницы, ученики, ученицы) |
| Сколько в университете . . . ? | (профессора, студенты, студентки) |
| Сколько в саду . . . ? | (деревья, цветы) |
| Сколько в городе . . . ? | (театры, школы, музеи, рестораны, площади, улицы) |
| Сколько в стране . . . ? | (города, реки, озёра) |
| Сколько . . . вы были в СССР? | (дни, недели, месяцы) |
| Сколько на конгрессе было . . . ? | (англичане, французы, немцы, поляки, итальянцы) |

## 3 Die Pluraldeklination der Substantive § 32–36

Ребята идут в зоопарк.
Вот **жирафы, попугаи, медведи, обезьяны, белки**.

| | |
|---|---|
| В зоопарке есть несколько . . . | (жирафы) |
| Ребята идут к . . . | (попугаи) |
| Они смотрят на . . . | (медведи) |
| Они стоят перед . . . | (обезьяны) |
| Они говорят о/об . . . | (белки) |

## 4 Die Pluraldeklination der Substantive § 32–36

Setzt die Substantive in Klammern in den richtigen Fall:

| | |
|---|---|
| На улице мы видели | (мальчики), (девочки), (автобусы), (машины), (туристы), (трамваи), (милиционеры), (магазины), (дети), (экскурсанты), . . . |

| | | |
|---|---|---|
| Нина показывала | (товарищи), (мальчики), (девочки), (ребята), (подруги), (родители), (братья), . . . | фотографии. |

| На конгрессе мы познакомились с | (психологи), (геологи), (корреспонденты), (профессора), (французы), (американцы), (англичане), . . . |
|---|---|

| Во время экскурсии мы были на/ в | (музеи), (парки), (рестораны), (фабрики), (заводы), (школы), (институты), . . . |
|---|---|

## 5 Die Pluraldeklination der Substantive § 32, 36

Setzt die kursiv gedruckten Substantive in die Mehrzahl:

1. Витя был с *товáрищем* в кино. 2. Нина часто ходит к *подрýге*. 3. Учитель спрашивает *ученикá* о Сибири. 4. На *берегý* реки играют дети. 5. На *стенé* висят неплохие рисунки. 6. В зоопарке ребята остановились перед *тúгром*. 7. Бабушка рассказывает *дéвочке* сказку. 8. В *садý* растут красивые цветы.

## 6 Die Betonung in der Pluraldeklination § 37

Lest und ergänzt:

а) Betonung auf dem Wortstamm

На площади стоят **автóбусы**. Я вижу пять **автóбусов**. К **автóбусам** подходят туристы.

1. У нас в городе хорошие *библиотéки*. В . . . всегда много читателей. Сколько у вас в городе . . . ? 2. В парке стоят высокие *дерéвья*. Под . . . растёт трава. На . . . поют птицы. 3. Вот на карте *озёра* нашего района. Как видите, здесь шесть . . . Летом в . . . купаются ребята.

б) Betonung auf der Endung

В нашем городе есть красивые **мостЫ́**. Под **мостáми** течёт большая река. На **мостáх** стоят люди и смотрят в воду.

1. Вот на фото *учителя́* нашей школы. Ты видишь . . . ? Вот направо рядом с . . . стоит директор школы. 2. Дай мне *ключú*. Без . . . я не могу открыть дверь. Вот сумка с . . . 3. Здесь есть свободные *местá*? Все уже сидят на . . .

в) Wechselnde Betonung

Сегодня приехали **гóсти**. Я встречал **гостéй** на станции метро. Я поздоровался с **гостя́ми**. Я пéредал **гостя́м** привет от друзéй.

1. Покажи мне *чáсти* механизма. Сколько в механизме . . . ? Что ты делаешь с . . . механизма? 2. Витя знает *нóвости*. Он приехал с . . . Много ли у Вити . . . ? 3. Впереди *гóры*. Над . . . летит самолёт. На . . . лежит ещё снег. 4. Учитель показывает *стóроны* квадрата. Сколько . . . имеет квадрат? Учитель проводит линию по . . . квадрата.

## 7 Allgemeine Wiederholung der Pluraldeklination § 32-36

Setzt die Substantive in Klammern in den richtigen Fall:

В пионерском лагере „Артек" каждый год отдыхают тысячи . . . (дети). Когда мы приехали в лагерь, ребята уже расходились по . . . (комнаты). Мы зашли сначала к . . . (девочки). Потом мы пошли в комнату . . . (мальчики). Один индийский мальчик сказал Вере Петровне, что он привык помогать . . . в поле (родители). Вера Петровна ответила ему, что на следующий день они будут сажать фруктовые деревья. Действительно, на следующий день с утра мы вместе с . . . сажали деревья (ребята). Через несколько . . . сад был готов (час). А как назвать его?

— Может быть, сад . . . ? — предложила одна из . . . (друзья; девочки). Так мы его и назвали.

## 8 Лететь — летать / бежать — бегать § 38

а) Vergleicht und ergänzt die bestimmten oder unbestimmten Verbformen:

идти — ходить
. . . — ездить
лететь — . . .
. . . — бегать

б) Setzt die passenden Verbformen von лететь — летать oder бежать — бегать in der Gegenwart ein:

1. Куда . . . этот самолёт? 2. Вертолёты . . . не так быстро, как самолёты. 3. Завтра я . . . в Ташкент. 4. Планёр Кости . . . хорошо. 5. Заяц быстро . . . 6. Вот Ваня . . . на стадион. 7. Куда ты . . . ? 8. Каждое утро Нина . . . к бабушке.

# 7 Седьмой урок

## 7.1 Введение

1 Тамара была недавно за границей. Когда она вернулась домой, она рассказывает товарищам, что она видела. Она говорит:

| | | | |
|---|---|---|---|
| — Там | много | **краси́вых** | городов. |
| | мало | **но́вых** | зданий |
| | нет | **интере́сных** | музеев |
| | | **больши́х** | магазинов |
| | | **ма́леньких** | ресторанов |
| | | **широ́ких** | улиц |
| | | . . . | . . . |

2

| | | |
|---|---|---|
| Тамара была во **мно́гих** | **краси́вых** | городах. |
| Тамара рассказывает о | **но́вых** | зданиях |
| | **интере́сных** | музеях |
| | . . . | . . . |

3 Экскурсанты собираются в музее. В залах висят картины, стоят скульптуры. Экскурсоводы рассказывают о том, что можно увидеть в музее.

Вот экскурсовод

| | | | |
|---|---|---|---|
| рассказывает | **молоды́м** | школьникам | о картине. |
| | **иностра́нным** | туристам | о скульптуре |
| | **моско́вским** | ребятам | |
| | **ки́евским** | . . . | |
| | . . . | | |

Экскурсоводы говорят на разных языка́х.

| | | | |
|---|---|---|---|
| **Немецким** | посетителям | они рассказывают на | немецком языке́. |
| **Английским** | туристам | | английском языке |
| . . . | | | французском языке |
| . . . | | | . . . |

4 Теперь экскурсовод

| | | | |
|---|---|---|---|
| идёт с | **молоды́ми** | школьниками | в другой зал. |
| | **иностра́нными** | туристами | |
| | **моско́вскими** | ребятами | |
| | **ки́евскими** | . . . | |
| | . . . | | |

| | | | | |
|---|---|---|---|---|
| С | **немецкими** | посетителями | экскурсоводы говорят | по-немецки. |
| | **английскими** | туристами | | по-английски |
| | . . . | | | по-французски |
| | . . . | | | . . . |

5 Экскурсовод говорит посетителям:

— Посмотрите на **эти** картины. Остановитесь, пожалуйста, около **э́тих** картин. Теперь я прошу вас подойти к . . . скульптурам.

А **те** картины на правой стене тоже интересны. Около **тех** картин вы видите одну совсем старую скульптуру. Сейчас мы подойдём к . . . скульптурам, которые вы видите там налево.

6 На даче весело.
С раннего утрá **Косте** уже **не спится**. Он встаёт и бежит ловить рыбу. Днём **ему не сидится** дома. Он всё бегает по полям и лесам. **Ему не хочется** домой в город.
Вчера вечером **Косте хотелось** гулять, но приехали гости, и он остался дома.
**Гостя́м** вдруг **захотелось** купаться, и они пошли к реке.

**Девочкам** тоже **не сидится** дома. Вечера́ми им не . . . Они всё выбегают в сад, шутят и смеются. О школе они совсем забыли. Им не . . . домой в город.

7

Вот зоомагазин. Направо перед аквариумом стоит мама с сыном. Они смотрят золотых рыбок. Налево стоят клетки с певчими птицами. Одна птица поёт.

8

А здесь, в ящике, находятся черепахи. Одна большая черепаха ест салат. Другая, маленькая черепашка лезет наверх по камню, который лежит посередине ящика. Остальные черепашки сидят спокойно на дне ящика.

9

Мама купила для сына клетку с певчей птицей. Вот она берёт из сумки деньги и платит. За птицу она платит шесть рублей. А сколько она платит за клетку? Вы знаете цену клетки?

## 7.2 Тексты

### Старая черепаха

1 Вася стоял у аквариума посередине зоомагазина. И тут раздался радостный крик:
— Мама, смотри!

Мать сразу всё поняла́. После такого крика в доме появились аквариум с золотыми рыбками, клетка с певчими птицами и велосипед.
Она подошла к сыну. Около аквариума, на дне ящика, было две черепашки. Мать посмотрела на этих черепашек. Они были совсем маленькие и удивительно новенькие и чистенькие. Они лезли по низким стенкам ящика, падали на дно и снова лезли наверх.

— Мама! — тихо сказал Вася и посмотрел большими глазами на мать.
— А что с Машкой? У тебя уже есть черепаха, — устало сказала мать.
— Мама, да ты посмотри! . . .
— Нет, три черепахи в доме — это слишком.
— Хорошо, — сказал Вася. — Если так, давай отдадим Машку, она всё равно очень старая.
— Ты же знаешь, это пустые разговоры.

Мальчик отвернулся от матери и тихо произнёс:
— Тебе просто жалко денег . . .

Для Васи это было странное утро. Дома ему не хотелось играть. Он только сидел и думал о тех маленьких черепашках в магазине. И вот наконец он придумал, что делать.
Днём старая черепаха всегда пряталась в тёмных местах, под шкафом, под диваном. Но сегодня Вася сразу нашёл Машку под своей кроватью. Он взял её из-под кровати и посмотрел в окно. Мать спала́ в саду. Вася спрятал Машку под рубашку и быстро вышел на улицу.

2 Над базаром высоко звучал детский голос:
— Черепаха! Продаётся черепаха!
Васе казалось, что он стоит так уже мно́го-много часов. Было жарко, и от тяжёлой Машки болели руки.

— Черепаха! Продаётся черепаха!
Вася произносил эти слова уже совсем тихо. Люди были заняты своими дела́ми, они проходили мимо мальчика и не смотрели.

— Ого, черепаха! Вот это-то мне и надо!
Вася так задумался, что он почти испугался. Перед Васей стоял большой, сильный человек, видимо, портовый рабочий, и смотрел на старую черепаху.
— Продаёшь, мальчик?
— Да . . .
— Сколько просишь?
— Девять . . . — ответил Вася. Это была цена, какую в зоомагазине просили за маленьких черепашек.
— Хорошо, плачу. У меня, знаешь, дома сынок, такой вот, как ты. Он очень любит животных.
Рабочий достал из кармана деньги и отдал их Васе. Потом он взял черепаху и сказал:
— Ну, до свидания, спасибо тебе.
— Вот что, её зовут Машка . . . — вдруг быстро сказал Вася. — Она очень фрукты любит и молоко тоже пьёт . . .
— Ишь ты, — засмеялся рабочий и пошёл к белому домику с маленькими о́кнами в конце улицы, где он жил.

Вася смотрел ему вслед. Он хотел ещё очень многое рассказать о Машке, о её разных привычках и о том, что она хорошая и добрая черепаха. Ему захотелось плакать. Тогда он подумал о деньга́х в руке и побежал к зоомагазину.

3

Вася принёс домой маленьких черепашек и радостно рассказал матери, как он их достал.
— Да, да, — только и сказала она, — милые черепашки.

Вася не заметил, как прошло время. Он давал новым черепашкам свежие фрукты, картошку, молоко — они всё ели.

На́ ночь Вася поставил ящик с черепашками против своей кровати.
Но не спалось Васе. Он думал не о новых черепашках, с которыми так интересно будет завтра играть, а думалось о старой Машке. Почему не сказал он тому человеку, что на ночь Машку надо прятать в темноту? А теперь, наверное, луна светит прямо в её старые глаза.

Конечно, он может завтра же пойти и всё сказать. Но ему было тяжело на сердце. Он закрыл лицо одеялом, чтобы скорее заснуть, но опять он увидел старые глаза Машки при свете луны.

Вася сел на кровати. „Что я такое сделал? — спрашивал он себя. — Продал старую, ненужную мне черепаху.“ — „Да, она тебе не нужна, — прозвучал ответ, — но ты ей нужен. Всё что есть хорошего на свете, было для тебя, а ты для кого был?“

4 Вася встал с кровати и быстро оделся. В тишине он слышал тикание маминых ручных часиков. Разбудить маму?
„Нет, — сказало ему новое чувство. — Мама устала, и ей так трудно заснуть. Ты сам должен всё сделать . . .“

Возможно, что мать услышала шум или почувствовала пустоту комнаты, в которой больше не было её сына. Она встала и подошла к Васиной кровати. Она сразу всё поняла. Она надела платье и быстро, по ночным улицам, пошла туда, где, по рассказу Васи, находился домик с маленькими окнами. Вскоре она увидела при свете луны фигурку сына.
Вася шёл посередине улицы. Он был такой маленький под высокими деревьями, что у неё сжалось сердце. Тогда она стала смотреть на его длинную тень. Казалось, что это тень взрослого человека. Мать решила не мешать ему, а только охранять его издали.

## 5 Диалоги

— Давай пойдём в кино.
— С удовольствием, но куда?
— В „Авангард“.
— Только не туда! Там идёт „Здравствуй, это я!“, а я уже видел(а) этот фильм.
— Давай пойдём в „Спорт“.

(У кассы кинотеатра:)

— Девушка, у вас есть билеты на первый сеанс?
— Нет, уже нет.
— А на второй?
— Тоже нет.
— Что же нам делать?
— Может, пойдём в зоопарк? Там вчера родился жираф. Давай посмотрим маленького жирафа!
— Ну, что ж! Пойдём в зоопарк.

## 7.3 Упражнения

**1** **Zahlen mit Substantiven** § 48, 49

Какая температура?

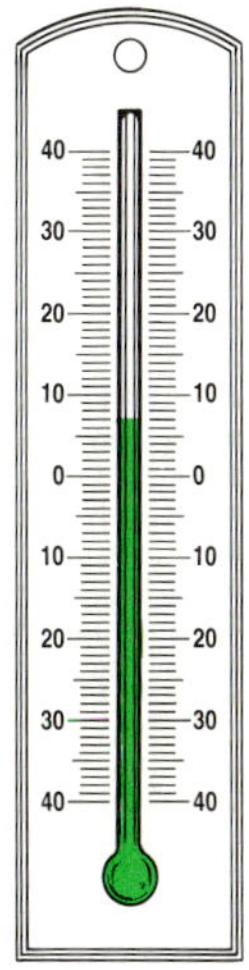


| — Сегодня | (плюс)<br>(минус) | один градус.<br>три градуса<br>пять градусов<br>двадцать один градус<br>ноль (или нуль) градусов |
|---|---|---|

Посмотрите на термометры и скажите, сколько градусов.

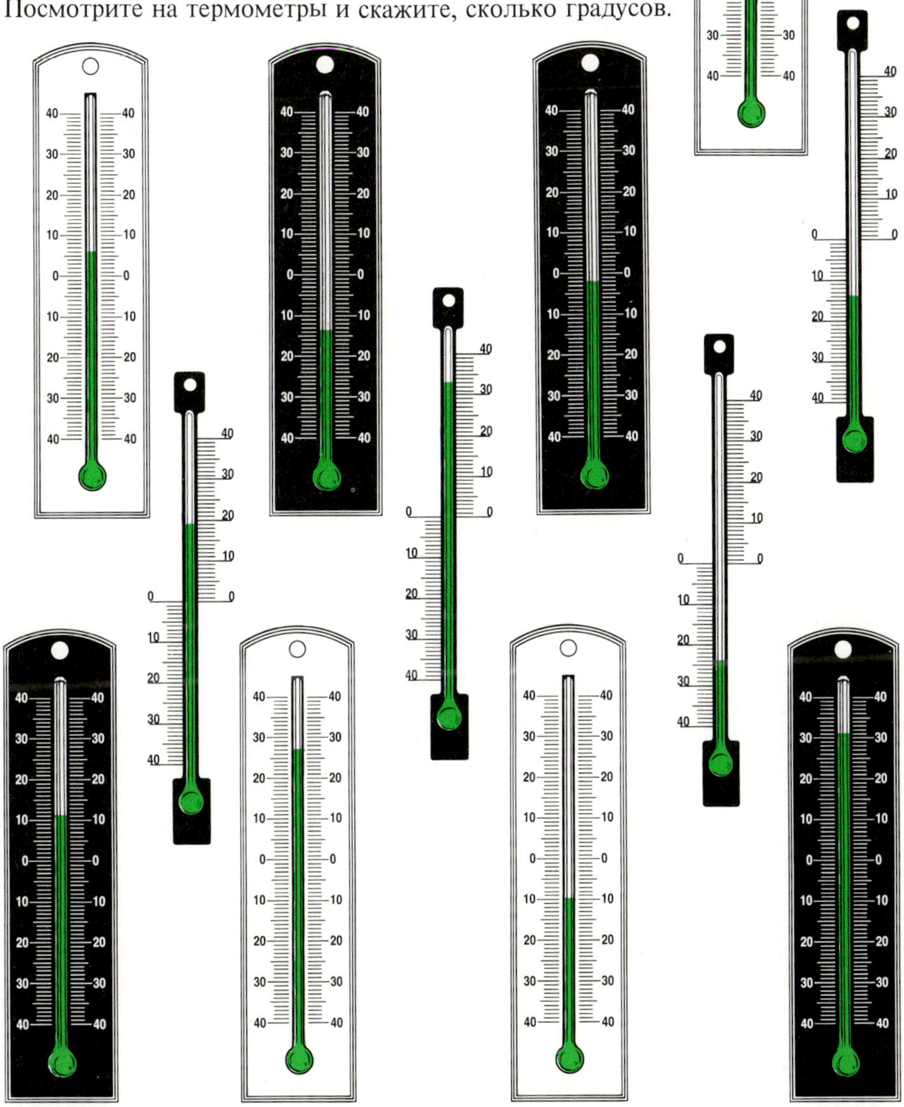

## 2 Zahlen mit Substantiven § 48, 49, 50

Сколько лет?

а) Спрашивайте и отвечайте:

| | |
|---|---|
| — Сколько лет Мише? | — Ему три **года**. |
| — Сколько лет Тамаре? | — Ей пять **лет**. |
| — Сколько лет твоему отцу? | — Ему сорок один **год**. |
| — Сколько лет твоей матери? | — Ей тридцать восемь **лет**. |
| — Сколько лет твоему дедушке? | — Ему . . . |
| — Витя, сколько тебе лет? | — Мне пятнадцать **лет**. |
| — Иван Петрович, сколько вам лет? | — Мне . . . |

б) Туристы осматривают город. Экскурсовод рассказывает, сколько лет стоят разные здания города. Он говорит:

— Это здание (этот дом, этот собор, эта стена, . . .)

| | |
|---|---|
| стоит только | двадцать один **год**. |
| | тридцать четыре **года** |
| | двенадцать **лет** |
| | . . . |
| стоит уже | двести **лет** |
| | пятьсот сорок **лет** |
| | . . . |

## 3 Die Pluraldeklination der Adjektive § 39

Зоомагазин. Вот в ящике (в аквариуме, в клетке) **маленькие черепашки (золотые рыбки, певчие птицы).**

| | |
|---|---|
| В магазине двадцать . . . | (маленькие черепашки) |
| Вася подходит к . . . | (золотые рыбки) |
| Он смотрит на . . . | (певчие птицы) |
| Он стоит перед . . . | |
| Дома он думает о . . . | |

## 4 Die Pluraldeklination der Adjektive § 39

Setzt die Wörter in Klammern in den richtigen Fall:

1. Вася посмотрел на мать . . . (большие глаза). 2. Днём старая черепаха всегда пряталась в . . . (тёмные места). 3. Сын портового рабочего очень любил . . . (животные). 4. Рабочий пошёл к белому домику с . . . (маленькие окна). 5. Вася хотел рассказать рабочему о . . . своей черепахи (разные привычки). 6. Вася

принёс домой . . . (маленькие черепашки). 7. Он дал . . . свежие фрукты (новые черепашки). 8. Ночью Вася не думал о черепашках, с . . . так интересно будет завтра играть (которые). 9. В тишине он слышал тикание . . . (мамины ручные часики). 10. Вася пошёл по . . . к белому домику рабочего (ночные улицы).

## 5 Die Pluraldeklination von этот / тот § 40

Setzt die passenden Formen von этот und тот ein:

| | |
|---|---|
| 1. На дне ящика было две черепашки. Мать посмотрела на . . . черепашек. | Вася выбрал для себя . . . черепашек, которые лезли вверх по стенкам ящика. |
| 2. На базаре мимо Васи проходили люди. . . . людям Вася предлагал черепаху. | Вася предлагал черепаху . . . людям, которые проходили мимо. |
| 3. Вася купил новых черепашек. Весь вечер он играл с . . . черепашками. | Васе хотелось поиграть с . . . черепашками, которых он видел в магазине. |

## 6 Die Deklination von мать / дочь § 42

а) Setzt die passenden Formen von мать ein:

1. Вася был с . . . в зоомагазине. 2. Он посмотрел на . . . большими глазами. 3. Он отвернулся от . . . 4. Он радостно рассказал . . . о том, как он достал черепашек.

б) Setzt die passenden Formen von дочь ein:

1. Нина Михайловна получила от . . . письмо. 2. Она поехала к . . . на дачу. 3. На станции она поздоровалась с . . . 4. Она поблагодарила . . . за письмо.

## 7 Мне хочется § 44

а) Setzt in die Vergangenheit:

1. Васе хочется плакать. 2. Васе не спится. 3. Ему всё думается о старой черепахе. 4. Рахмановым хорошо живётся на даче. 5. Косте весь день не сидится дома. 6. Папа начал работать в саду, но ему не работается.

| б) Скажите, кому | не хочется купаться.<br>не спится<br>не сидится дома<br>живётся хорошо | (Нина), (Петя), (Наташа), (Игорь), (Олег), (мальчики), (девочки), (мои товарищи), (ребята), . . . |
|---|---|---|

## 8 Präpositionen § 43

| | | |
|---|---|---|
| мимо: | Люди проходили . . . | (Вася) |
| | Мы проехали . . . | (большой дом) |
| | Ребёнок сел . . . | (стул) |
| против: | Вася поставил ящик . . . | (кровать) |
| | Я не могу смотреть . . . | (солнце) |
| | Что врач дал Саше . . . ? | (кашель) |
| из-под: | Вася взял черепаху . . . | (кровать) |
| | Игорь достал ботинки . . . | (диван) |
| | К нам приехал дядя . . . | (Киев) |
| из-за: | Мы получили письмо . . . | (граница) |
| | Соня встала . . . | (стол) |
| | Мы не пошли в поход . . . | (дождь) |
| при: | Мать увидела . . . сына. | (свет луны) |
| | Юрий — ассистент . . . | (профессор) |
| | Мы ехали домой . . . | (сильный ветер) |

## 9 Дать § 45

а) Die Konjugation (perfektives Futur):

| | |
|---|---|
| я дам | мы дади́м |
| ты дашь | вы дади́те |
| он даст | они даду́т |

б) Ergänzt die passenden Formen von дать:

1. Ты мне . . . газету? — Сейчас . . . тебе. Одну минуту. 2. Ребята, вы мне . . . велосипед? — Нет, не . . . Это не наш велосипед. 3. Папа, Нина не даёт мне карандаш. — Иди к маме, она . . . тебе другой. 4. Скоро нам . . . новую квартиру.

в) Zusammensetzungen mit дать

Ergänzt die passenden Formen:

1. Включи телевизор. По первой программе сейчас . . . концерт (передать). 2. Садитесь. Сейчас мы . . . обед (подать). 3. Если через пять минут . . . звонок, то это ещё не конец урока (раздаться). 4. Вася сказал матери: Давай . . . Машку, она всё равно очень старая (отдать).

## ⑩ Aspektübung

Gebraucht den richtigen Verbaspekt:

1. В зоомагазине Вася . . . ящик с маленькими черепашками (видел / увидел). 2. Они . . . наверх, . . . на дно и снова . . . наверх (лезли / полезли; падали / упали; лезли / полезли). 3. Васе . . . эти черепашки (нравились/понравились). 4. Он . . . к матери и . . . её купить черепашек (подходил / подошёл; просил / попросил). 5. Но мать устало . . . , что у них дома уже есть одна черепаха, Машка (отвечала / ответила). 6. Дома Вася долго . . . о черепашках в зоомагазине (думал / подумал). 7. Наконец он . . . продать Машку (решал / решил). 8. Он . . . Машку из-под кровати, . . . её под рубашку и . . . на базар (брал / взял; прятал / спрятал; бежал / побежал). 9. На базаре люди не . . . у Васи черепаху (покупали / купили). 10. Они . . . мимо и не . . . (проходили / прошли; смотрели / посмотрели). 11. Вдруг перед Васей . . . рабочий (останавливался / остановился). 12. Он . . . Васю, сколько черепаха стоит, и . . . девять рублей (спрашивал / спросил; платил / заплатил). 13. Вася радостно . . . деньги (брал / взял).

## ⑪ Wortbildungsgesetze: **чистый — чистенький** § 47

Ergänzt:

Чистые ботинки — чи́стенькие черепашки; низкое дерево — ни́зенький домик; светлый день — . . . комнатка; красная звезда — . . . носик; чёрное платье — . . . глазки́.

## ⑫ Wortbildungsgesetze: **часы — часово́й / порт — порто́вый / план — пла́новый**

Ergänzt und achtet auf die Betonungsmuster:

а) часы — часово́й завод; угол — углово́й дом; год — . . . план; дело — . . . письмо.

б) порт — порто́вый рабочий; фрукты — . . . дерево; почта — . . . марки; продукты — . . . магазин.

в) план — пла́новая комиссия; касса — . . . книга; роза — . . . цвет; газ — . . . турбина.

⑬ **Wortbildungsgesetze: пустой — пустота; тихий — тишина**

Ergänzt:

а) пустой — пустотá; . . . — темнотá; . . . — высотá; . . . — быстротá; . . . — чистотá.

б) тихий — тишинá; . . . — ширинá.

# 8 Восьмой урок

## 8.1 Введение

① Скажите, **кем** работают ваши родные и друзья.

| | | |
|---|---|---|
| Мой отец | работает | **корреспондентом**. |
| Моя мать | | **архитектором** |
| Мой брат | | **врачóм** |
| Петя | | **инженером** |
| . . . | | **. . .** |

② Скажите, **кем** работали ваши родные и друзья раньше.

| | | | |
|---|---|---|---|
| Мой дед | раньше | работал | **бухгалтером**. |
| Моя бабушка | | работала | **учительницей** |
| Мой дядя | | был | **геологом** |
| Моя тётя | | была | **официанткой** |
| . . . | | | **. . .** |

③ Скажите, **кем** вы хотите быть.

Меня интересуют музеи. Я хочу быть **экскурсоводом**.
Меня интересует спорт. Я хочу быть **спортсменом** (**спортсменкой**).
Меня интересует погода. Я буду **метеорологом**.
Меня интересуют иностранные языки. Я буду . . .
. . .

④ Скажите, **кем** хотят быть другие ребята.

| | | | |
|---|---|---|---|
| Толя любит самолёты. | Он | хочет быть | **лётчиком**. |
| Галя любит музыку. | Она | будет | **пианисткой** |
| Петя любит технику. | | | **. . .** |
| Саша любит науки. | | | |
| Витя любит море. | | | |
| . . . | | | |

А **кем** станет Алёша?

| | |
|---|---|
| Он ещё не знает. Может быть он станет | **фотографом**. |
| | **геологом** |
| | **. . .** |

**5** Через десять лет Серёжа встречается с Наташей. Они разговаривают о товарищах.

— Толя так любил самолёты. Он действительно стал **лётчиком**?
— Нет, он стал **офицером**.
— Галя так любила музыку. Она действительно стала **пианисткой**?
— Нет, она стала . . .
— Петя . . .

**6** — Вера, **чем** ты интересуешься?
— Я очень интересуюсь | **спортом**.
| **музыкой**
| **шахматами**
| . . .

— Коля, ты тоже интересуешься | **спортом**?
| . . .

— Нет, | **спортом** | я совсем не интересуюсь.
| . . . |

— А **чем** ты занимаешься в свободное время?
— Я много занимаюсь | **минералогией**.
| **марками**
| . . .

**7** — Тамара, ты ещё учишься?
— Да, вечером, в кружке на заводе. Я изучаю планирование.
— А кто руководит **вашим кружком**?
— Это преподаватель из вечернего экономического института. Он считается **большим специалистом.**

**8** **Чем люди занимаются**

Это Нина Борисовна. Она химик. Вот она стоит в лаборатории и делает опыт.

Это Николай Иванович. Он работает конструктором на авиазаводе. Вот он обсуждает с товарищем модель нового самолёта. Перед Николаем Ивановичем на столе лежит чертёж.

$$\int \frac{x^2\,dx}{\sqrt{a^2 - x^2}}$$

Вот группа студентов. Они решают сложную задачу. Скоро экзамены.

А это школьники. Они подготавливают выставку юных художников. Скоро придут родители и другие посетители, которые интересуются искусством.

9 Сегодня футбол: матч Москва — Тбилиси. **Весь** город (**вся** наша улица) собирается на стадион. Ребята **всего** города (**всей** нашей улицы) хотят посмотреть игру. По . . . городу (по . . . нашей улице) собираются болельщики. Миша тоже идёт на стадион. У **всех** его товарищей есть билеты на футбол. На стадионе Миша смотрит **всю** игру. Он кричит со . . . другими: „Давай, давай! Ура!“ Вечером он рассказывает папе обо **всём**, что видел (обо . . . игре / обо . . . этапах игры).

## 8.2 Тексты

### Дворец на Фонтанке

1 Иностранные гости часто не знают, что такое „Дворцы пионеров“. Иногда думают, что Дворцы пионеров похожи на детские сады́, где дети просто отдыхают и играют. Многие не знают, что Дворцы дополняют работу школы, что дети там серьёзно могут заниматься всем тем, что их интересует.

Дворцы пионеров есть во всех крупных города́х, а в маленьких городах, в сельских районных центрах имеются „Дома́ пионеров“. Эти дома не такие большие, как Дворцы, но и здесь дети занимаются с увлечением.

Дворец пионеров в Ленинграде

2 Если вы хотите иметь представление о Дворцах пионеров, мы расскажем вам о Дворце пионеров в Ленинграде. Может быть вы были уже в Ленинграде? В таком случае вам, вероятно, знакомо великолепное здание с колоннами у Аничкова моста. Это бывший Аничков дворец. Одно время после революции он был музеем, а потом это здание пéредали дéтям.
Да, всё огромное здание принадлежит пионерам и школьникам Ленинграда. Во Дворце много кружков, и каждый школьник выбирает кружок по вкусу: одни изучают математику или физику и решают сложные задачи, делают опыты, другие делают модели планёров, самолётов и ракет, модели пароходов, третьи учатся петь или танцевать; некоторые рисуют; есть любители шахмат, есть ребята, которые занимаются минералогией, ходят на экскурсии и собирают коллекции минералов. Кружками руководя́т опытные специалисты.

3 Если вы хотите познакомиться с работой пионеров, вам нужно потратить не один час, хотя всё равно невозможно всё осмотреть, нельзя всё увидеть.
Но идёмте же . . . Вы интересуетесь техникой? Сделаем несколько шагóв пó двору. Видите большой корпус налево? Здесь технические лаборатории и мастерские. Уже в коридорах слышишь шум моторов, звон металла, как на заводе. Мы идём по коридору. Открываем дверь налево. Входим. Большая светлая комната, под потолком висят лёгкие авиамодели. Кружком авиамоделистов руководит инженер-пенсионер. Прежде он работал конструктором на авиазаводе. На большом столе лежат чертежи́, ребята что-то оживлённо обсуждают.
— А модели пароходов вы делаете?
— Вам хочется посмотреть модели пароходов? Это нужно идти дальше по коридору, следующая дверь налево . . .

4 Но нужно зайти и в другой корпус. Здесь дети занимаются искусством. На стенах коридоров висят рисунки детей, стоят скульптуры. Здесь можно также заниматься музыкой или учиться танцевать. Талантливые дети учатся здесь петь, играть на разных инструментах, даже дирижировать оркестром . . . А вот в открытые двери видны девочки в балетных пачках, слышно несколько тактов Чайковского. Это хореографический кружок.
Если говорить правду, мы пока не знаем, кем будут все эти дети. Может быть они станут механиками, художниками, музыкантами, учёными, может быть и нет. Но здесь они развивают свои способности, свои таланты. Посетите концерт молодых музыкантов Дворца пионеров или выставку юных художников, а, может быть, вы захотите присутствовать на шахматном турнире „чемпионов“ Дворца — сами убедитесь.

❺ **Диалоги**

— Где ваша дочь будет учиться?
— В медицинском институте. Она хочет быть врачом.
— А если ей не удастся поступить?
— В таком случае она будет сначала работать медсестрой.

— Ваш сын не хочет стать художником?
— Вероятно нет. Мы ещё не знаем, кем он будет.
— А если он окажется талантливым? Он ведь великолепно рисует.
— В таком случае он может, конечно, стать художником.

## 8.3 Упражнения

❶ **Который час? Сколько времени?** § 59

| Сейчас **час** | **два часа́** | **двенадцать часо́в** | **пять минут пе́рвого** |
|---|---|---|---|

| **четверть второ́го** | **двадцать минут тре́тьего** | **половина восьмо́го** | **без двадцати́ девять** |
|---|---|---|---|

| **без че́тверти час** | **без пяти́ три** | ... | ... |
|---|---|---|---|

| ... | ... | ... | ... |
|---|---|---|---|

| ... | ... | ... | ... |
|---|---|---|---|

## Расписание поездов § 59

Вот отрывок из расписания поездов дальнего следования:

Севасто́поль — Симферо́поль — Ха́рьков — Москва (Курский вокзал)

Объяснение знаков и сокращений:

| | | |
|---|---|---|
| ∨ | — | поезд на станцию не заходит |
| — (тире) | — | поезд не останавливается |
| От. | — | отправление |
| Пр. | — | прибытие |

| Км | | | | № 82 | | 94/93 | № 98 | 106/106 | 140/139 | 178/177 | 182/181 | 188/187 | №196 | №306 | 308/307 328/327 | 310/309 |
|---|---|---|---|---|---|---|---|---|---|---|---|---|---|---|---|---|
| | Евпатория-Кур. | От | | | | | 18.30 | | | | | | | | | |
| | Феодосия.... | От | | | | | ∨ | | | | | | | | | |
| 0 | **Севасто́поль..** | От | | | | | | 8.51 | | | | | 13.45 | | | |
| 78 | **Симферо́поль.** | Пр | | | | | | 10.33 | | | | | 15.12 | | | |
| | | От | | 21.42 | | 8.07 | | 10.56 | 12.36 | 8.30 | 20.44 | 23.45 | 15.27 | 17.31 | 4.23 | 16.28 |
| 97 | Остря́ково ... | Пр | | — | Тб.260 | 8.26 | Тб. | 11.20 | 12.53 | 8.52 | 21.06 | 0.04 | 15.44 | 17.50 | 4.42 | 16.46 |
| | | От | | — | № 86 | 8.28 | 257 | 11.22 | 12.55 | 8.54 | 21.08 | 0.07 | 15.46 | 17.56 | 4.44 | 16.48 |
| 169 | **Джанко́й.....** | Пр | | 23.06 | 20.54 | 9.24 | 20.27 | 12.24 | 13.57 | 10.05 | 22.13 | 1.14 | 16.48 | 19.10 | 5.41 | 17.56 |
| | | От | | 23.10 | 21.06 | 9.36 | 20.38 | 12.44 | 14.02 | 10.19 | 22.25 | 1.42 | 16.56 | 19.21 | 5.50 | 18.01 |
| 231 | Новоалексе́евка... | Пр | | 23.58 | 21.58 | Тб.260 | 21.25 | Тб. | 14.50 | 11.25 | Тб.260 | Тб. | 18.12 | 20.20 | 6.39 | 18.46 |
| | | От | | 0.06 | 22.01 | | 21.32 | 260 | 15.04 | 11.30 | | 260 | 18.16 | 20.23 | 6.46 | 18.49 |
| 295 | Аки́мовка.... | Пр | | 0.58 | 22.54 | | 22.21 | | 15.51 | 12.29 | | | 19.10 | 21.16 | 7.43 | 19.36 |
| | | От | | 1.00 | 22.57 | | 22.28 | | 15.53 | 12.31 | | | 19.12 | 21.18 | 7.46 | 19.38 |
| 322 | Мелито́поль .. | Пр | | 1.23 | 23.22 | | 22.52 | | 16.16 | 12.54 | | | 19.39 | 21.41 | 8.10 | 20.01 |
| | | От | | 1.33 | 23.32 | | 23.02 | | 16.26 | 13.06 | | | 19.49 | 21.51 | 8.20 | 20.11 |
| 346 | Фёдоровка ... | Пр | | 1.58 | 23.57 | | 23.25 | | 16.49 | 13.30 | | | 20.12 | 22.14 | 8.43 | 20.34 |
| | | От | | 2.00 | 23.59 | | 23.27 | От. из Ст. Оскола в 16.20 | 16.51 | 13.33 | От. из Кременчуга в 17.20 | | 20.14 | 22.16 | 8.45 | 20.36 |
| 387 | Таври́ческ.... | Пр | | 2.43 | — | | — | | 17.27 | 14.14 | | | 20.53 | 22.57 | 9.19 | 21.11 |
| | | От | | 2.45 | — | | — | | 17.29 | 14.17 | | | 20.55 | 22.59 | 9.21 | 21.14 |
| 434 | Запоро́жье I.. | Пр | Тб.27 | 3.25 | 1.10 | № 96 | 0.34 | | 18.09 | 14.56 | | | 21.34 | 23.37 | 9.59 | 21.52 |
| | | От | № 76 | 3.34 | 1.20 | 19.25 | 0.44 | | 18.15 | 15.08 | | | 21.44 | 23.47 | 10.09 | 22.02 |
| 509 | Сине́льниково I | Пр | ∨ | 4.31 | 2.19 | 20.28 | 1.50 | | 19.18 | 16.16 | | | 22.48 | 0.50 | 12.44 | 22.59 |
| | | От | ∨ | 4.33 | 2.21 | 20.30 | 1.52 | | 19.19 | 16.21 | | | 22.50 | 0.52 | 12.47 | 23.09 |
| 548 | Павлогра́д I.. | Пр | 21.58 | 5.09 | — | 21.06 | — | | Тб.27 | Тб.27 | | | 23.28 | 1.28 | Тб. | Тб.27 |
| | | От | 22.02 | 5.11 | — | 21.09 | — | | | | | | 23.31 | 1.30 | 27 | |
| 613 | Лозова́я ..... | Пр | ∨ | 5.55 | ∨ | ∨ | 3.05 | | | | Тб.34 | | 0.16 | 2.14 | | |
| | | От | ∨ | 6.05 | ∨ | ∨ | 3.07 | Тб.285 | | | №178 | | 0.18 | 2.16 | | |
| 761 | **Ха́рьков-Пасс.** | Пр | 0.40 | 8.19 | 6.02 | 23.48 | 5.30 | №130 | | | 23.02 | | 2.16 | 4.14 | | |
| | | От | 0.52 | ... | 6.18 | 0.02 | 5.44 | 17.37 | | | 23.19 | | 2.30 | 4.27 | | |
| 845 | Бе́лгород .... | Пр | 2.16 | | 7.50 | 1.15 | 7.16 | 18.55 | | | 0.26 | | 3.46 | 5.42 | | |
| | | От | 2.20 | | 7.54 | 1.19 | 7.20 | 18.57 | | | 0.30 | | 3.50 | 5.46 | | |
| 1005 | Курск....... | Пр | 4.06 | | 10.23 | 3.13 | 9.19 | 21.19 | | | 2.39 | | 5.48 | 7.42 | | |
| | | От | 4.16 | | 10.33 | 3.23 | 9.34 | 21.30 | | | 2.49 | | 5.58 | 7.52 | | |
| 1159 | Орёл-Пасс.... | Пр | 6.25 | | 12.35 | 5.14 | 11.28 | 23.25 | | | 4.42 | | 8.00 | 10.11 | | |
| | | От | 6.29 | | 12.39 | 5.18 | 11.36 | 23.29 | | | 4.46 | | 8.04 | 10.15 | | |
| 1258 | Скура́тово.... | Пр | 7.44 | | 14.04 | 6.38 | 12.59 | 0.46 | | | 6.03 | | 9.31 | 11.47 | | |
| | | От | 7.51 | | 14.14 | 6.48 | 13.09 | 0.56 | | | 6.13 | | 9.41 | 11.57 | | |
| 1348 | Ту́ла I-Курск. | Пр | 9.10 | | 15.30 | 8.07 | 14.31 | 2.13 | | | 7.31 | | 11.16 | 13.25 | | |
| | | От | 9.14 | | 15.34 | 8.11 | 14.35 | 2.17 | | | 7.38 | | 11.20 | 13.29 | | |
| 1542 | **Москва-Пасс.-Кур.** | Пр | 12.40 | | 18.50 | 11.10 | 17.35 | 5.15 | | | 10.40 | | 14.35 | 16.45 | | |
| | | | ... | | ... | ... | ... | ... | | | ... | | ... | ... | | |

Мы читаем:

Поезд № 76 прибывает в Павлоград в двадцать один час пятьдесят восемь минут. Он отправляется из Павлограда в двадцать два часа две минуты. На станцию Лозовая он не заходит. Он прибывает в Харьков в ноль часов сорок минут. Он отправляется из Харькова в . . .

## 3 Составьте диалоги § 52

— Ты знал(а) | Вы знали | Мишу Санина? / Наташу Каверину / Бориса Ивановича Жукова / . . .

— Да, | он был | она была | **моим другом**. / **моей подругой** / . . .

Но мы давно не слышали друг от друга. (. . . Но он(а) здесь больше не живёт. . . . Но я не знаю, где он(а) сейчас живёт. . . . Но мы разошлись. . . . Но он(а) переехал(а) в другой город. . . . Но он(а) давно на пенсии.)

Для справки: (мой друг), (моя подруга), (мой товарищ по классу / по институту), (мой сосед), (моя соседка), (мой начальник), (мой учитель), (моя учительница).

## 4 Название предметов § 53

Что-то здесь неправильно. Кто может правильно прочитать упражнение?

| | |
|---|---|
| Что называется сахарницей? | Посуда для чая. |
| Что называется кофейником? | Вещь, которой можно писать. |
| Что называется чайником? | Время, когда ученики не учатся. |
| Что называется каникулами? | Посуда для сахара. |
| Что называется ручкой? | Вещь, которой можно ловить рыбу. |
| Что называется удочкой? | Посуда для кофе. |

Составьте такие же вопросы и ответы.

## 5 Весь § 56

Setzt die passenden Formen von весь ein:

1. Дворцы пионеров есть во . . . крупных городах. 2. Там дети могут заниматься . . . тем, что их интересует. 3. Старый конструктор показывает . . . ребятам, как строить планёры и самолёты. 4. Во . . . комнатах ребята серьёзно занимаются. 5. По . . . дворцу пионеров собирались группами ребята. 6. Посетители разговаривают с экскурсоводом обо . . . , что они видели.

6 **Дети / люди** § 57

а) В комнате сидят **дéти** и занимаются. У всех **детéй** есть чертежи́ авиамоделей. Старый конструктор объясняет **дéтям**, как строить планёры. Он просит **детéй** показать ему готовые уже модели. Он говорит с **детьми́** о работе на заводе. — В гостинице посетители дворца пионеров разговаривают о **дéтях**.

б) Setzt die passenden Formen von люди nach dem Muster von дети ein:

На базаре **лю́ди** проходят мимо Васи. Вокруг Васи много . . . Вася предлагает . . . свою черепаху. Он просит . . . купить у него черепаху. Он разговаривает с некоторыми . . . о том, что черепахи милые животные. Мы не знаем, что Вася думает о тех . . . , которые проходили мимо и не смотрели на черепаху.

7 **Die Wiedergabe des deutschen *man*** § 58

Ergänzt und vergleicht mit dem Deutschen:

| | |
|---|---|
| а) Экскурсовод показывает посетителям все соборы Кремля.<br>Около Спасской башни стоит милиционер. Он останавливает людей, когда проезжает машина. | В Кремле **показывают** посетителям все соборы.<br>Около Спасской башни . . . людей, когда проезжает машина. |
| б) В Кремле было много интересного. Мы пошли его осматривать, но не знали, с чего начать.<br>С одной стороны Кремля мы видели Москву-реку. | В Кремле много интересного. Когда **идёшь** его осматривать, не **знаешь**, с чего начать.<br>С одной стороны Кремля . . . Москву-реку. |
| в) Мы видели на Москве-реке пароход; мы слышали его мотор.<br>Мы видели группу экскурсантов; мы слышали голос экскурсовода. | На Москве-реке **виден** был пароход; **слышен** был его мотор.<br>. . . была группа экскурсантов;<br>. . . был голос экскурсовода. |
| г) В гостинице Рольф должен был отдать паспорт.<br>В театре Рольф должен был показать билет контролёру. | В гостинице **нужно** было отдать паспорт.<br>В театре . . . показать билет контролёру. |

8 **Wortbildungsgesetze: Учить — учитель**

а) **Учитель** — это тот, кто *учит* детей.
**Читатель** — это тот, кто *читает* книги, журналы, газеты.
. . . — это тот, кто *слушает* радио, концерт.
. . . — это тот, кто *покупает* продукты, костюм и прочее.
. . . спорта, музыки и так далее — это тот, кто *любит* спорт, музыку, . . .

б) **Преподаватель** — это тот, кто *преподаёт* в институте, в университете.
**Писатель** — это тот, кто *пишет* книги, романы, рассказы.
. . . — это тот, кто *исследует* море, Арктику и т.д.
. . . города, деревни и т.д. — это тот, кто *живёт* в городе, в . . .
. . . музея, выставки и т.д. — это тот, кто *посещает* музей, . . .

в) Учитель — учительница
Преподаватель — . . .
Читатель — . . .

# 9 Девятый урок

## 9.1 Введение

1 Обычно Виктор встаёт в шесть часов. Он моется под душем, пьёт кофе, ест бутерброд. В семь часов он берёт плащ. Он выходит на улицу, садится в автобус и едет на работу. В восемь часов он начинает работу. В пять часов он возвращается домой. В десять часов он ложится спать.

— Виктор, как ты **проведёшь** завтрашний день?
— Завтра у меня выходной. Я думаю, что **вста́ну** в семь часов. Я **вы́моюсь** под душем, **вы́пью** кофе, **съем** бутерброд. Я **возьму́** плащ и **вы́йду** на улицу. Я **ся́ду** в электричку и **пое́ду** на дачу. Там я **начну́** работать в саду. Я думаю, что **верну́сь** домой поздно. Ну, а потом **ля́гу** спать.

2 Мама возвращается с работы и спрашивает Костю, что он делал:

| | |
|---|---|
| — Ты убрал комнату? | — Нет, сейчас **уберу́**. |
| Ты вымыл посуду? | Нет, сейчас **вы́мою**. |
| Ты позвонил бабушке? | Нет, потом . . . |
| Ты сдал книгу в библиотеку? | Нет, завтра . . . |
| Ты почистил костюм? | Нет, утром . . . |
| Ты купил молоко? | Нет, вечером . . . |

Потом мама говорит Косте:

| | |
|---|---|
| — Костя, закрой дверь! | — Сейчас **закро́ю**. |
| Принеси мне чайник! | Сейчас **принесу́**. |
| Передай мне сахар! | Сейчас . . . |
| Позови Нину и Наташу! | Сейчас . . . |
| Скажи папе, что ужин готов! | . . . |
| Выключи телевизор! | . . . |

3 Утром Игорь встаёт.

А Олег продолжает лежать на кровати. Он думает:
— Может быть я не **буду вставать** сегодня.

Игорь моется под душем. А Олег думает:
— Может быть я не **буду мыться** сегодня.

Игорь одевается, причёсывается, здоровается с мамой, завтракает, пьёт молоко, чистит ботинки, убирает комнату. Скажите, что Олег ещё думает делать.

4 Игорь подходит к Олегу. Но Олег думает:
— Ещё рано. Ещё не надо **вставать**.

Наконец подходит папа, и Олег должен **встать**.

5 Игоря и Олега нет дома.
Папа спрашивает:
— Где мальчики?
Мама отвечает:
— Игорь **пошёл** в кино.
Олег **поехал** к бабушке.

Вечером мальчики вернулись.
На улице товарищи спрашивают:
— Игорь, где ты был?
— **Я ходил** в кино.
— Олег, а ты где был?
— **Я ездил** к бабушке.

Нины и Наташи нет дома.
Папа спрашивает: . . .

Вечером девочки вернулись.
На улице . . .

## 9.2 Тексты

### У Кирика появляется сестрёнка

1 Мама была в больнице, а папа и Кирик жили, как мужчины: сегодня консервы, вчера консервы, каждый день консервы! И ещё картошка. Папа и Кирик не хотели готовить ужин, поэтому они ели консервы. И ужин всегда проходил быстро. Потом папа и Кирик не мыли посуду, а делали, что хотели. Вот сегодня после ужина папа начал слушать радио, а Кирик сел рядом и стал рассматривать марки.

— Папа, посмотри, красивая?

— Очень!

— Папа, ты не смотришь! Не эта красивая!

— Ничего! И эта красивая! Где ты взял её?

— На станции.

Кирик сказал и подумал: „Папа сейчас спро́сит: Зачем ходил на станцию? Что там делал?“ Но папа не спроси́л, а слушал радио.

— Я хочу послушать радио, — сказал папа. — Но сейчас нужно мыть чашки и тарелки. А как ты думаешь, может быть, мы не будем мыть сегодня?

— Конечно! Зачем мыть? — ответил Кирик. — Ещё есть чистые. Когда все чашки будут грязные, тогда вымоем их.

И вот пришёл день, когда Кирик взял последнюю чистую чашку.

— Что ж, — сказал папа невесело, — сегодня нужно мыть всё.

Они поужинали и вымыли всю посуду.

— Теперь ложись спать, — сказал папа. — Кирик, а твоя кровать стала маленькой для тебя. Правда?

— Стала маленькой! — обрадовался Кирик. — Можно я сегодня буду спать на диване?
— Хорошо! Теперь ты всегда будешь спать на диване. Завтра мама принесёт Иринку домой, она будет спать на твоей кровати.

2 Кирик знал, что теперь у него есть маленькая сестрёнка, но он не ждал, что она будет дома так скоро.
— Папа, она красивая?
— Трудно сказать! У неё нет воло́с, — ответил папа.
Кирик решил, что папа шу́тит, потому что во́лосы — это главное для девочек. Но кровать! Почему она будет спать на его кровати? Почему он будет спать на диване, который стоит в другой комнате?
— Папа, на диване холодно! Я буду болеть! И неудобно!
— Неправда, на диване хорошо, — сказал папа, — и знаешь, Кирик, я не думал, что ты такой плохой брат. Ну, хорошо, ложись спать на кровати.
Кирик лёг на свою кровать. Почему он плохой брат? Нет, он не плохой. Но он не хочет отдавать кровать девочке. Это его кровать. Здесь он видел хорошие сны: сколько раз летал он в ракете на Луну. А на том диване разве увидишь интересный сон? И кровать совсем не маленькая!
— Папа! — сказал Кирик. — А кровать большая.
— Эгоист, — ответил папа.
Всё было ясно. Папа любил теперь только маму, радиоприёмник и эту девочку, а Кирика папа больше не любил. Кирик заплакал.
Утром Кирик гулял в саду. Ему было грустно. Вдруг он увидел Мишу.
— Миша! — тихо сказал Кирик. — У меня есть сестра. У неё нет волос.
— Да? Ты видел?
— Нет. Сегодня она будет дома и будет спать на моей кровати.
— Ого! — сказал Миша. — Она сядет тебе на́ голову.
— Как это она сядет мне на голову?
— Так! Сядет! И возьмёт твой водяной пистолет.
— Но она девочка! Зачем ей пистолет?
— А она не знает, зачем ей пистолет. Она будет брать у тебя всё.

Кирик посмотрел на свой водяной пистолет. Какой он хороший. Можно стрелять в кошку!

3 Кирик побежал домой спасать свои игрушки. Но он опоздал: папа и мама уже были дома.
— Здравствуй, сыночек, — сказала мама и поцеловала его, — как вы жили без меня?
Кирик хотел ответить маме, но мама уже не слушала его: она шла к папе, который неправильно держал Иру.
— Володя! Кто так де́ржит ребёнка? — сказала мама и засмеялась.

Всё ясно. Они не любят его. И Кирик решил, что уйдёт от папы и мамы и будет жить один в лесу. Папа и мама будут искать его и спрашивать: „Где наш Кирик?“ Но будет поздно!

Но Кирик не пошёл в лес. Мама вдруг сказала: „Иди, посмотри на сестру!“

Кирик увидел, что Ира лежит на кровати мамы. Ира была очень маленькая, пальчики тоже маленькие. Рядом лежала игрушка.

— Почему она не играет? — спросил Кирик.

— Она не может взять игрушку. Она ещё не умеет играть.

Вдруг Ира заплакала. Ясно, она плакала потому, что она не могла взять игрушку. А он всё мог делать: бегать, играть. И он взял игрушку и показал Иринке. Она замолчала.

— Кирик, — сказала мама, — Иринка чувствует, что ты её брат-защитник.

— Он, конечно, защитник, но не хочет отдавать кровать, — сказал папа.

— Ну хорошо, не хочет Кирик отдавать кровать, не надо, ку́пим другую, — сказала мама.

— Зачем другую! Я буду спать на диване.

Кирик посмотрел на маму и взял своё пальто.

— Ты куда?

— Сейчас, я на минутку.

Кирик хотел увидеть Мишу. Он хотел сказать ему, что он теперь будет защищать Иринку. А Миша ничего не понимает, у него нет сестры.

**4 Поздравляю с дочкой**

(Разговор по телефону)

— Я слушаю.
— Таня, это я, Вера. Здравствуй!
— Здравствуй, Вера!
— Поздравляю тебя с дочкой, Таня.
— Спасибо, милая.
— Как её назвали?
— Назвали Иринкой.
— А Володя рад дочке, или он сына хотел?
— Конечно, рад. Он прямо влюбился в свою дочку.
— А Кирик как?
— Он тоже очень любит сестру. Он у нас молодец.
— Ну, до свидания. Желаю вам всем здоровья и счастья.
— Спасибо, Вера. Ты заходи посмотри нашу Иринку.
— Непременно зайду. Всего хорошего.

## 9.3 Упражнения

**1** **Die Ordnungszahlen** § 73

а) — Простите, пожалуйста, как доехать до Исторического музея?
— Туда идёт *сорок восьмой* автобус. Вот остановка.
(Туда идёт 114-й, 50-й, 28-й, 95-й, 100-й, 60-й, 64-й, 30-й, 31-й, 80-й, 86-й, 16-й, . . . автобус.)

б) — Откройте книги на *двести тридцать четвёртой* странице и прочитайте первое предложение.
(Откройте книги на 200-ой, 40-ой, 45-ой, 49-ой, 160-ой, 252-ой, 301-ой, 11-ой, 337-ой, 75-ой, 123-ей, 319-ой, . . . странице.)

**2** **Das Datum** § 74

а) — Как**ое** сегодня числ**о**?
— Сегодня | **первое января́.**
**третье февраля́**
**пятое ма́рта**
**десятое ма́я**
**двадцатое а́вгуста**
**двадцать пятое ноября́**
**. . .**

б) — Когда (Как**ого** числ**а**) вы поедете в отпуск?
— Мы поедем | **первого января.**
**третьего февраля**
**пятого мая**
**. . .**

**3** **Das Datum** § 74

Составьте диалоги:

а) — Какое сегодня число?
— Сегодня 11-ое сентября́ (5-ое октября́, . . .).
— Бабушка ещё не приехала?
— Нет, она приедет только через день, 12-ого сентября (через три дня, 14-ого сентября, через . . .).

б) — Когда ты родился / родилась?
— Я родился / родилась 2-ого февраля (9-ого марта, . . .).
— А я думал(а), что ты родился / родилась 8-ого февраля (15-ого марта, . . .).
— Нет, 8-ое февраля (15-ое марта, . . .) — это день рождения моего брата (моей сестры, . . .).

### 4 Das einfache Futur einiger Verben mit Sonderkonjugation § 70, 71

Setzt ins Futur:

После ужина папа вымыл сначала посуду. Потом он сел в кресло, взял газету и начал слушать радио.
Кирик принёс свою коллекцию марок и стал рассматривать их. В половине девятого он закрыл альбом с марками, сказал папе „Спокойной ночи“ и лёг спать.
После ужина папа сначала *вымоет* посуду. Потом . . .

### 5 Die Aspekte: Wiederholung oder Einmaligkeit § 60

Gebraucht den richtigen Verbaspekt im Präteritum. Berücksichtigt, daß die Sätze im Kontext zu verstehen sind:

1. Папа и Кирик не хотели готовить ужин, поэтому они . . . консервы (ели / съели). 2. И ужин всегда . . . быстро (проходил / прошёл). 3. Потом папа и Кирик не . . . пусуду (мыли / вымыли). 4. Папа . . . радио, а Кирик . . . марки (слушал / послушал; рассматривал / рассмотрел). 5. Но вот . . . день, когда Кирик . . . последнюю чистую чашку (приходил / пришёл; брал / взял). 6. Папа . . . невесело, что сегодня нужно мыть всё (говорил / сказал). 7. Они . . . и . . . всю посуду (ужинали / поужинали; мыли / вымыли).

### 6 Die Aspekte: Wiederholung oder Einmaligkeit § 60

Gebraucht den richtigen Verbaspekt im Futur:

1. Папа сказал Кирику, что завтра мама . . . Иринку домой (будет приносить / принесёт). 2. Миша сказал Кирику, что сестра . . . его водяной пистолет (будет брать / возьмёт). 3. Она вообще . . . у него всё (будет брать / возьмёт). 4. Дома Кирику показалось, что родители его уже не любят, и он решил, что . . . в лес (будет уходить / уйдёт). 5. Тогда папа и мама . . . друг друга:

„Где наш Кирик?“ (будут спрашивать / спросят). 6. Сначала Кирик не хотел отдавать свою кровать. Поэтому мама сказала, что они ... новую (будут покупать / купят). 7. Но потом Кирик решил, что он ... кровать сестре (будет отдавать / отдаст). 8. Он также решил, что он ... сестру (будет защищать / защитит).

## 7 Die Aspekte: Wiederholung oder Einmaligkeit § 60

Gebraucht den richtigen Verbaspekt im Imperativ:

| | |
|---|---|
| а) **Ответьте** на этот вопрос только одним словом. | Когда вас спрашивают другие, **отвечайте.** |
| **Прочитайте** первое предложение. | В классе ... медленно и ясно. |
| **Скажи** мне, что ты знаешь о Сибири. | ... только о том, что знаешь. |

б) 1. Когда на улице холодно, ... пальто (надевай / надень). 2. До гостиницы далеко. ... такси (берите / возьмите). 3. Когда встречаешься со старшими, ... первый (здоровайся / поздоровайся). 4. Зимой всегда ... двери (закрывайте / закройте). 5. ... мне это фото (показывай / покажи). 6. Домой ... только вечером; утром я всегда на работе (звоните / позвоните).

## 8 Die Aspekte: Prozeß oder Handlungsabschluß § 61

Gebraucht den richtigen Verbaspekt im Präteritum. Antwortet mit dem passenden Satz:

| | |
|---|---|
| а) — Что ты делал(а) сегодня утром? | — Я убирал(а) квартиру. |
| — Почему здесь так чисто? | — Я убрал(а) квартиру. |
| — За что ты получил(а) от мамы конфеты? | |
| — Почему ты не позвонил(а) мне сегодня утром? | |

| | |
|---|---|
| б) — Отчего в квартире так светло? | — Я мыл(а) окна. |
| — Почему ты сегодня не гулял(а)? | — Я вымыл(а) окна. |
| — Почему деревья в саду так хорошо видны? | |
| — Почему ты сегодня не был(а) у бабушки? | |

## 9 Die Aspekte: Prozeß oder Handlungsabschluß § 63

а) Vergleicht und erklärt den unterschiedlichen Aspektgebrauch am Beispiel der Infinitive nach помогать / помочь:

| | |
|---|---|
| Кирик помогал папе | **убирать** квартиру.<br>**мыть** посуду<br>**готовить** ужин |
| Кирик помог маме | **открыть** дверь.<br>**снять** пальто<br>**положить** Иринку на кровать. |

б) Gebraucht den richtigen Verbaspekt im Infinitiv:

1. Кирик помог Иринке . . . игрушку (поднимать / поднять). 2. Люба помогает маме . . . продукты (покупать / купить). 3. На даче Костя помогал папе . . . деревья (сажать / посадить). 4. Помоги бабушке . . . пальто (надевать / надеть).

## 10 Die Aspekte: Prozeß oder Handlungsabschluß § 64, 65

а) Vergleicht und erklärt den unterschiedlichen Aspektgebrauch im Imperativ. Ergänzt nach dem Muster:

| | |
|---|---|
| **Пройдите**, пожалуйста, в класс. | Что же вы стоите в двери? **Проходите**. |
| **Напишите** это слово. | Что же вы не открыли тетради? . . . |
| **Открой** окно. В комнате жарко. | Что же ты стоишь? . . . скорее. |
| **Расскажи**, как прошёл экзамен. | Что же ты молчишь? . . . |

б) Erklärt den Aspektgebrauch im Infinitiv und Imperativ. Ergänzt nach dem Muster:

| | | | | | |
|---|---|---|---|---|---|
| Уже | семь | часов. | Пора | **вставать.** | **Вставай!** |
| Уже | . . . | часа.<br>часов | Надо | одеваться | . . . |
| | | | | собираться в школу | . . . |
| | | | | начинать работу | . . . |
| | | | | подавать ужин | . . . |
| | | | | включать телевизор | . . . |
| | | | | ложиться спать | . . . |

## ⑪ Die Aspekte: der Einfluß der Verneinung auf den Infinitiv § 66

Ergänzt und verändert nach dem Muster:

а) Миша с Наташей сидят дома и смотрят телевизор.

| | |
|---|---|
| Миша хочет **посмотреть** фильм до конца. | А Наташа не хочет **смотреть** фильма. |
| Наташа хочет **встать**. | А Миша не хочет **вставать**. |
| Наташа хочет **выключить** телевизор. | А Миша . . . |
| Наташа хочет **надеть** пальто. | . . . |
| Наташа хочет **выйти** на улицу. | . . . |
| Наташа хочет **погулять**. | . . . |
| Наташа хочет **увидеть** Веру. | . . . |

б) Семейные разговоры

Папа: — Мне хочется **осмотреть** выставку.
Мама: — А мне не хочется **осматривать** выставку. Мне хочется **остаться** дома.
Юра: — Мне не хочется . . . дома. Мне хочется **посмотреть** в зоопарке львов.
Петя: — Мне не хочется . . . львов. Мне хочется **посетить** музей.
Надя: — Мне не хочется . . . музей. Мне хочется **встретиться** с бабушкой.
Папа: — А мне не хочется . . . с бабушкой. Мне всё-таки хочется осмотреть выставку.

## ⑫ Die Aspekte: der Einfluß der Verneinung auf den Infinitiv § 66

Ergänzt und verändert nach dem Muster:

Кирик: — Папа, давай рассматривать марки.
Папа: — Нет, сейчас не могу.

| | |
|---|---|
| Мне нужно | **убрать** со стола посуду. |
| Мне надо | **поставить** продукты в холодильник |
| Я должен | **позвонить** товарищу |
| | **поздравить** дедушку с днём рождения |
| | **написать** письмо |
| | **послушать** радио |

| | |
|---|---|
| Кирик: — Папа, сейчас не нужно | **убирать** со стола. |
| сейчас не надо | . . . |
| ты не должен | . . . |

## 13 Die Aspekte: der Einfluß der Verneinung auf den Imperativ § 67

Ergänzt die verneinte oder nicht verneinte Befehlsform:

| | |
|---|---|
| **Разбуди** меня завтра в семь часов. | А Наташу **не буди**. |
| **Открой** окно. | А дверь не . . . |
| **Включи** телевизор. | А радио не . . . |
| **Впусти** Мишу. | А кошку не . . . |
| **Купи** хлеб. | А масло не . . . |
| . . . кухню. | А столовую сегодня **не убирай**. |
| . . . мне фото. | А Леночке **не показывай**. |
| . . . папу. | Маму **не спрашивай**. |

## 14 Die Aspekte: der Ausdruck der Unmöglichkeit § 68, 69

Verändert nach dem Muster:

Образец: Я **не могу рассказать** это за две минуты.
Это за две минуты **нельзя рассказать**.
Это за две минуты **не расскажешь**.
**Разве это расскажешь** за две минуты?

Я не могу прочитать все эти книги. Их слишком много.
Без ручки я не могу написать письмо.
На том диване Кирик не может увидеть интересный сон.

# 10 Десятый урок

## 10.1 Введение

**1**

| Вот по улице | идёт молодой человек. |
|---|---|
| | идёт девушка |
| | идут молодые люди |

| Витя видит | **его**. | Он смотрит | **на него**. | — А! Это | Игорь! |
|---|---|---|---|---|---|
| | **её** | | **на неё** | | Наташа |
| | **их** | | **на них** | | Юра с Верой |

Ещё издали

| он кричит | **ему**: | — Привет! |
|---|---|---|
| | **ей** | |
| | **им** | |

Потом он

| подходит | **к нему** | и здоровается. |
|---|---|---|
| | **к ней** | |
| | **к ним** | |

**2** Витя очень рад, что встретился с Игорем (с Наташей, с Юрой и Верой). Он долго

| не получал писем | **от него** | и | **от его брата / его сестры**. |
|---|---|---|---|
| | **от неё** | | **от её брата / её сестры** |
| | **от них** | | **от их родителей** |

Он говорит:

| — Здравствуй! | Как дела? Давно о | **тебе** | ничего не слышно. |
|---|---|---|---|
| Здравствуйте | | **вас** | |

| Игорь | рассказывает | о **себе** и о своих родных. |
|---|---|---|
| Наташа | | |
| Юра с Верой рассказывают | | |

| Витя узнал от | Игоря, | что | **у него** | есть | дача. |
|---|---|---|---|---|---|
| | Наташи | | **у неё** | | моторная лодка |
| | Юры и Веры | | **у них** | | . . . |
| | | что | **у его брата** | есть | машина. |
| | | | **у её брата** | | ребёнок |
| | | | **у их родителей** | | . . . |

3 

| Витя поговорил с | Игорем | и прощается | **с ним**. |
|---|---|---|---|
| | Наташей | | **с ней** |
| | Юрой и Верой | | **с ними** |

| Игорь | просит | Витю не забывать | **о нём**. |
|---|---|---|---|
| Наташа | | | **о ней** |
| Юра и Вера | просят | | **о них** |

| Он (она) говорит: | — Всего хорошего. Не забывай | **обо мне**. | Пиши. |
|---|---|---|---|
| Они говорят | | **о нас** | |

Они расходятся.

4 Несколько десятилетий назад в некоторых областя́х было ещё довольно много волко́в. Осенью и зимой, голодные, они иногда приближались к колхозным фермам и нападали на скот. Вот они нападают на овцу.

Поэтому в колхозе устроили собрание. Собрались колхозники. Вот как раз выступает председатель колхоза.

Здесь председатель колхоза разговаривает с охотником. Он сообщает ему о волка́х и показывает место, где они напали на овцу. У охотника есть ружьё.

Охотник убил во́лка. Он стоит рядом с убитым волком и курит.

## 10.2 Тексты

### Охота на волков

1 В ноябре около колхоза „Дружба“ появились во́лки. Ночью, а иногда и днём они нападали на ове́ц, коров и даже на лошаде́й. Волко́в было много, и уничтожить их было нелегко. Однажды волки напали даже на парня, который шёл вечером за деревней. На его крики прибежал народ. Волки убежали . . .
На другой день после этого случая в колхозе было собрание. На нём, на этом собрании, колхозники решали, как бороться с волка́ми. Выступил Иван Кузьми́ч: „Нет житья от них. Вчера вот Лёша Свиридов идёт на ферму, а волки прямо на него! Его счастье: народ был недалеко . . . Мало им скота́, уже на людей нападать стали. Я так считаю: Стыдно нам, а не волка́м! Разве у нас охотников нет? Я сам охотник . . . Облаву на волков нужно устроить!“

Говорили многие, спорили, обсуждали . . . Наконец выступил Алексей Семёнович, председатель колхоза:
— Правильно говорили на собрании. Дело-то ясное. Облаву организуем . . . Только я вам сейчас новость интересную скажу: Пришла телеграмма из района. Сообщают, что помогут нам, вертолёт пришлют . . .
— Зачем вертолёт? Волков бить?
— Вот именно! Иван Кузьмич говорил „Стыдно нам“. Правильно, стыдно. Он у нас первый охотник. Посадим его на вертолёт, дадим ружьё — стреляй, пожалуйста!

2 На другой день утром за деревней на поле стоял вертолёт. Вокруг него стояли мальчики. Они осматривали машину и говорили о ней. Среди них стоял лётчик, Константин Красовский. Он слушал их разговор, а потом стал им объяснять, как работает мотор, сколько идёт бензина, какая скорость полёта.
Пришёл председатель, с ним Иван Кузьмич. Лётчик поздоровался с ними. Уточнили маршрут . . . Лётчик и охотник сели в машину, и через несколько минут вертолёт стал подниматься, быстро набирал высоту.
Они летели низко над степью и могли хорошо видеть всё вокруг. Волков не было видно.
— Нет их, — беспокоился Иван Кузьмич.
Так летели они некоторое время. Степь кончилась. Впереди Иван Кузьмич увидел небольшой лесок: тёмные, без листьев деревья, несколько кустóв, под ними на земле первый снег.
Вдруг Красовский обернулся к нему и показал рукой направо. Сначала Иван Кузьмич заметил только чёрные точки вдали: это были волки. Вертолёт быстро приближался к ним, и Иван Кузьмич мог их пересчитать: . . . пять, шесть . . . десять . . . двенадцать!

3 Иван Кузьмич взял ружьё . . . Вертолёт летел теперь над самой землёй. Волки были хорошо видны. Они держались вместе. Только одна старая волчица бежала в стороне от них. С нею волчёнок . . . Иван Кузьмич спокойно прицелился и стал стрелять. Вот упал первый волк, второй, третий . . .
Скоро все волки были перебиты. Только волчица с волчёнком отбежала в сторону, к лесу: там они могли скрыться между деревьями. Иван Кузьмич прицелился, хотел выстрелить в неё, но было ещё далеко . . . Но и Красовский заметил волчицу. Вот вертолёт уже приближается к ней, снова снижается, летит над самой землёй. Волчица, кажется, сейчас скроется в леске. Иван Кузьмич стреляет, ещё раз . . . Волчица падает, за ней — волчёнок.
Через минуту Красовский приземлился. Он вышел из вертолёта и закурил; закурил и Иван Кузьмич. Убитые волки лежали по степи чёрными точками.
— Здорово ты стреляешь, — сказал Красовский.
— Тебе, Костя, спасибо. Хорошо поработали.
— Да, но придёт время, и охота уже не будет моей работой.

4 ВЕ́ЧЕР НА РЕ́ЙДЕ

Слова́ А. Чу́ркина
Му́зыка В. Соловьёва-Седо́го

1. Споёмте, друзья, ведь завтра в поход
Уйдём в предрассветный туман.
Споём веселей, пусть нам подпоёт.
Седой боевой капитан.

Припев: //: Прощай, любимый город!
Уходим завтра в море.
И ранней порой
Мелькнёт за кормой
Знакомый платок голубой. ://

2. А вечер опять хороший такой,
Что песен не петь нам нельзя.
О дружбе большой, о службе морской
Подтянем дружнее, друзья!

3. На рейде большом легла тишина,
А море окутал туман,
И берег родной целует волна,
И тихо доносит баян:

---

рейд — Reede, предрассветный — vormorgendlich (vor der Dämmerung), веселей — Komparativ von весело, подпеть — mit jmd. mitsingen, (durch Mitsingen) begleiten, пусть нам подпоёт — es möge mit uns singen, es möge uns begleiten, седой — grauhaarig, боевой — Kriegs-, der im Krieg gewesen ist, припев — Kehrreim, Refrain, прощай — leb wohl, любимый — geliebt, ранней порой — zu früher Zeit, zu früher Stunde, мелькнуть — auftauchen, корма — Heck, платок — Tuch, что песен не петь нам нельзя — daß wir nicht anders können als singen, служба — Dienst, подтянуть — mitsingen, in den Gesang einfallen, дружнее — Komparativ von дружно — freundschaftlich, einmütig, окутать — einhüllen, verhüllen, волна — Welle, доносить — herantragen, баян — Ziehharmonika.

## 10.3 Упражнения

**1** **Die Deklination der Personalpronomen** § 75, 76

а) Ergänzt die passende Form des Personalpronomens in der 3. Person:

**Вася** стоял (**Нина** стояла, **Вася и Нина** стояли) на базаре. Он хотел (она хотела, они хотели) продать черепаху.
Люди проходили мимо *него* (*неё, них*). Они не смотрели на . . . Наверное они даже не замечали . . . Вот один рабочий подошёл к . . . Он остановился перед . . . Он спросил . . . , сколько стоит черепаха. Он дал . . . деньги. Потом он попрощался с . . . и ушёл. Дома он рассказал о . . . сыну.

б) Setzt den Text von a) in die 1. Person und ergänzt die passende Form des Personalpronomens. Beachtet dabei die Verbindungen ко мне, передо мной, со мной:

Дома Вася рассказывал папе и маме (Нина . . . , Нина и Вася . . .):
— Люди проходили мимо *меня* (*нас*). Они не смотрели на . . . . . . Я не знаю (мы не знаем), что рабочий думал о . . .

**2** **Personalpronomen mit н oder ohne н?** § 75

Setzt die passende Form des Personalpronomens ein:

1. Игорь сегодня не может идти в театр. Вместо . . . идёт Олег. 2. Надя сейчас на юге. Вчера мы получили от . . . письмо. 3. У Веры уже есть сын и дочь, а у . . . сестры ещё нет детей. 4. Пётр собирается учиться в вечернем институте. Это я знаю из . . . писем. 5. Летом Рахмановы часто купаются. Недалеко от . . . дачи лес, и совсем близко река. 6. Где ребята? Мы привезли для . . . подарки.

**3** **Der Gebrauch der Personalpronomen** § 75, 76

Setzt die passende Form des Personalpronomens ein:

1. *Волков* было много, и уничтожить . . . было нелегко. 2. Однажды *парень* шёл вечером за деревней. Волки напали на . . . 3. На другой день в колхозе было *собрание*. На . . . колхозники решали, как бороться с волками. 4. Иван Кузьмич сказал: Что делать с *волками*? Нет житья от . . . 5. Из района прислали *колхозникам* телеграмму. Сообщили, что помогут . . . , пришлют вертолёт. 6. Председатель колхоза сказал: *Иван Кузьмич* у нас первый охотник. Посадим

. . . на вертолёт, дадим . . . ружьё. 7. На другой день утром на поле стоял *вертолёт*. Вокруг . . . стояли мальчики. 8. Они осматривали *машину*, говорили о . . . 9. Среди *мальчиков* стоял лётчик. Он слушал . . . разговор, а потом стал объяснять . . . , как работает мотор. 10. Пришёл *председатель*, и с . . . Иван Кузьмич. 11. *Мужчины* подошли к лётчику. Тот поздоровался с . . . 12. С вертолёта Иван Кузьмич увидел небольшой лесок: тёмные *деревья*, *кусты*, под . . . на земле первый снег. 13. Вдруг они увидели *волков*. Вертолёт быстро приближался к . . . 14. *Волки* держались вместе. Только одна волчица бежала в стороне от . . . 15. *Волчица* отбежала в сторону, к лесу. С . . . бежал волчёнок. 16. Иван Кузьмич заметил *волчицу* и выстрелил в . . . 17. *Волчица* упала, за . . . — волчёнок.

## 4 **Der Gebrauch der Personalpronomen** § 75, 76

a) Разговор о знакомых

— Как поживает Константин Андреевич?
— Не знаю. Я давно не слышал(а) *о нём*.
— Антонина Петровна здесь ещё живёт?
— Нет, она переехала. Недавно я получил(а) *от неё* письмо. Она очень довольна новой квартирой.
— А Николаевы всё ещё устраивают домашние концерты?
— Устраивают, но я перестал(а) *к ним* ходить. Я очень занят(а).
— Вы знаете Рахмановых?
— Да, мы *с ними* встречались, но мы мало знакомы.
— Симпатичные люди — тоже большие любители музыки.

б) Составьте такие же диалоги:

— Как поживает . . . ? / Как поживают . . . ?
Вы знаете . . . ? / Вы знакомы с . . . ?
Что пишет / пишут . . . из Ташкента / из . . . ?
. . . ещё устраивает / устраивают домашние концерты / выставки?
. . . здесь ещё живёт / живут?
. . . уже поступил(а) в школу / в университет?
. . . ещё работает / работают?

— Я давно не слышал(а) о . . .
Недавно я получил(а) от . . . письмо.
Неделю назад / . . . назад мы с . . . говорили по телефону.
Я узнал(а) от . . . , что брат поступил в . . . / что у . . . умерла бабушка / что . . .
Я только знаю о . . . , что он(а) ещё работает на том же заводе / что . . .
Мы с . . . встречались, но мы мало знакомы.
Я . . . часто / редко вижу.
Мы разошлись. Я перестал(а) к . . . ходить.

**5** **Лететь / летать** § 38

Setzt sinngemäß die passenden Formen von лететь oder летать in der Gegenwart ein:

1. Куда . . . этот самолёт? 2. Вертолёты . . . не так быстро, как самолёты. 3. Вот Красовский и Иван Кузьмич . . . низко над степью. Они хорошо могут видеть всё вокруг. 4. Первые птицы уже . . . на юг. 5. Завтра я . . . в Ташкент. 6. Планёр Кости Рахманова . . . хорошо.

**6** **Präpositionen** § 78

| среди: | . . . стоял лётчик. | (мальчики) |
|---|---|---|
| | . . . много школьников. | (экскурсанты) |
| | Наша дача стоит . . . | (лес) |

**7** **Дерево — деревья / лист — листья** § 34

Setzt nach dem Muster von дерево und лист in die Mehrzahl:

1. Перед домом стоит высокое *дерево*. 2. Нет ветра, и всё-таки с дерева падает *лист*. 3. Игорь сидит на *стуле* (Игорь и Олег сидят . . .), а папа и мама сидят в креслах. 4. У меня два *брата* (пять . . .). 5. На *крыле* самолёта видна эмблема.

**8** **Волк — волчёнок** § 77

**Волчёнок** — это маленький волк.
Если их несколько, мы говорим: это **волчата**.
**Тигрёнок** — это маленький тигр.
Если их несколько, мы говорим: это **тигрята**.
**Львёнок** — это маленький лев.
Если их несколько, мы говорим: это **львята**.
**Котёнок** — это маленький кот или маленькая кошка.
Если их несколько, . . .

**Слонёнок** — это . . . **Гусёнок** — это . . .
**Медвежонок** — это . . . **Утёнок** — это . . .

Скажите, сколько в зоопарке волчат, тигрят, . . .

**9** **Zeitangaben** § 79

а) Lest:

| | | |
|---|---|---|
| **на прошлой неделе** | **на этой неделе** | **на следующей / будущей неделе** |
| **в прошлом месяце** | **в этом месяце** | **в следующем / будущем месяце** |
| **в прошлом году** | **в этом году** | **в следующем / будущем году** |

Fragt und antwortet:

— Когда вы поедете на юг? *На этой неделе*? (*В этом месяце*? *В* . . . ?)
— Нет, *на следующей неделе*. (Нет, *в* . . .)

(Когда мы увидимся? Когда приедут дедушка с бабушкой? Когда начинаются / кончаются каникулы? Когда мы пойдём на концерт? Когда . . .)

— Когда у Петровых родилась дочка? *На этой неделе*? (*В этом месяце*? *В* . . . ?)
— Нет, *на прошлой неделе*. (Нет, *в* . . .)

(Когда вы переехали на новую квартиру? Когда Виктор поступил в университет? Когда вы купили машину? Когда вы вернулись из отпуска? Когда . . .)

б) Lest und ergänzt:

| | |
|---|---|
| **прошлой весной** | **этой весной** |
| **прошлым летом** | **этим летом** |
| **прошлой осенью** | **. . .** |
| . . . | . . . |

Ergänzt und bildet ähnliche Sätze:

*Прошлой зимой* было очень холодно. . . . дедушка долго болел. . . . Наташа была в Киеве. . . . Миша поедет в Ленинград. . . . здесь будет интересная выставка. . . . часто шёл дождь. . . . здесь откроют новый музей. . . . . . .

# 11 Одиннадцатый урок

## 11.1 Введение

❶ Звонит телефон. Наташа берёт трубку.

Наташа — Да?
Игорь — Наташа, привет. Встретимся сегодня? Ты свободна?
Наташа — А когда ты можешь?

| | | | |
|---|---|---|---|
| Игорь — В | час | тебя устраивает? |
| | два часа́ | |
| | . . . часа́ / часо́в | |

| | | | | | |
|---|---|---|---|---|---|
| Наташа — Нет. С | **ча́са** | **до** | **двух** | **часо́в** | я занята́. |
| | **двух** | | **трёх** | | я на работе |
| | **трёх** | | . . . | | у меня урок музыки |
| | **четырёх** | | . . . | | я буду у парикмахера |
| | **пяти́** | | | | . . . |
| | **шести́** | | | | |
| | **семи́** | | | | |
| | **восьми́** | | | | |
| | **. . . и́** | | | | |

Игорь — Наташа, слушай. Мы непременно должны встретиться сегодня. А в . . . часа / часов можно?

| | | | |
|---|---|---|---|
| Наташа — Я вернусь домой | **к ча́су**. | | |
| Я буду дома | **к** | **двум** | **часа́м**. |
| | | **трём** | |
| | | **четырём** | |
| | | **пяти́** | |
| | | . . . | |

Значит, в . . . часа / часов можно.
Игорь — Тогда давай так и договоримся: в . . . часа / часов. Встретимся перед кинотеатром „Аванга́рд“, как всегда. Я тебя буду ждать. Ладно?
Наташа — Хорошо. Договорились.
Игорь — Договорились, Ната́шенька. Буду ждать.
Наташа — Жди.

**2** Игорь очень любит Наташу, и поэтому он покупает для неё дорогой подарок

| | |
|---|---|
| **за** | **четыре рубля́ десять копеек** |
| | **пять рубле́й сорок три копейки** |
| | **шесть рубле́й** |
| | . . . |

Он потратил на подарок почти все свои деньги и остался

| | | | | | |
|---|---|---|---|---|---|
| **с** | **одной копейкой** | | **с** | **пятью́** | **копейками** в кармане. |
| | **двумя́** | **копейками** | | **шестью́** | |
| | **тремя́** | | | **семью́** | |
| | **четырьмя́** | | | **восемью́** | |
| | | | | . . . | |

Оказывается, он уже не может пригласить Наташу в кино, и они гуляют в парке.

**3** Наташа приглашает Игоря в следующее воскресенье приехать к ним на дачу. Игорь не знает, как туда проехать. Наташа объясняет ему:

— Наша дача расположена

| | | | |
|---|---|---|---|
| **в** | **двух** | **километрах** от | станции метро. |
| | **трёх** | | станции железной дороги |
| | **четырёх** | | |
| | **пяти́** | | |
| | . . . | | |

| | | | |
|---|---|---|---|
| От станции метро | ты доедешь **на** | **двадца́том** | **автобусе** до нашего посёлка. |
| От станции железной дороги | | **два́дцать седьмо́м** | |
| | | **со́том** | |
| | | **сто со́рок тре́тьем** | |
| | | . . . | |

А там наша дача находится

| | | | |
|---|---|---|---|
| **в** | **двадцати́ пяти́** | **метрах** | от остановки автобуса. |
| | **сорока́** | **шага́х** | |
| | **пяти́десяти** | | |
| | **шести́десяти** | | |
| | **девяно́ста** | | |
| | **ста** | | |
| | . . . | | |

## 11.2 Тексты

### Посещение московской школы

(Из записок одного немецкого учителя)

1 Вчера, во вторник, 22-го ноября наша делегация — девять немецких учителе́й — посетила одну из московских школ, школу № 495, на Ленинском проспекте. Школу, как нам сказали, построили в 1957-м году. Перед школой небольшой сад с десятью́ или двена́дцатью деревьями.
Широкая лестница ведёт из вестибюля наверх. Школа пятиэтажная. Наверху, на четвёртом и пятом этажа́х — спортзал, актовый зал, библиотека и кабинеты для специальных занятий.
Первое, что нам бросается в глаза в школе — это то, что в коридорах на стенах висит много ярких плакатов. Подходим посмотреть.

— Что это? — спрашивает один из нашей группы. С нами идёт Екатерина Алексеевна, молодая учительница лет тридцати.

— Это стенная газета. Её делают наши ученики. Здесь они пишут о жизни и о работе класса. Вот, например, карикатура. Она изображает одного мальчика, который всегда забывает свои тетради. А это статья об экскурсии и фотографии. Снимали сами ученики.

— А это что? — На большом листе́ мы видим космическую ракету, самолёт, автомобиль, лошадь и черепаху.

Екатерина Алексеевна смеётся: — Это соревнование между классами. Посмотрите: под рисунком ракеты подпись „9-й А класс". Это значит, что этот класс очень хорошо учится. А по́д черепахой тоже подпись: „6-й Б класс". Это очень слабый класс.

Екатерина Алексеевна продолжает: — Недавно в нашей школе были гости: лётчики-космонавты. Этот плакат к их приезду сделали ученики 8-го и 9-го классов. Там есть у нас четыре хороших художника.

Мы видим изображение ракеты, почти чёрное небо, Сатурн, другие планеты, портреты советских космонавтов . . .

— Идёмте же в класс, — говорит Екатерина Алексеевна. — Уже был звонок. Нас ждут.

**2** Входим. Большой светлый класс. В три ряда стоят парты. За партами сидят девочки и мальчики. Их человек 25 или 30. Девочки в коричневых платьях и чёрных фартуках, мальчики в тёмных костюмах, почти на всех красные пионерские галстуки.
Идёт урок литературы. Тема урока — первая половина XIX века. Пушкин. Учительница очень молоденькая, похожая на студентку, лет двадцати трёх. Она спрашивает „урок“, т.е. то, что ученики приготовили и выучили дома. Первым отвечает Миша Степанов, худенький мальчик с большими чёрными глазами. Он идёт к доске и уверенно рассказывает биографию Пушкина. Но он забыл год рождения поэта . . . Небольшая девочка на вопрос учительницы встаёт и с места говорит:
— Пушкин родился в 1799 году.
Урок продолжается. Отвечают ещё три или четыре ученика. Маленький мальчик с круглым лицом выходит к доске и читает наизусть начало „Сказки о рыбаке́ и рыбке“:

Месяц Ноябрь

| Дни и числа | Предметы | ЧТО ЗАДАНО | Оценка успеваемости | Подпись учителя |
|---|---|---|---|---|
| Понедельник 16 | История | §19 Развитие торговли | 5 | |
| | Физика | §34 Сила упругости. | | |
| | Русск. яз. | Разряды наречий. Упр. 719 | | |
| | Алгебра | Целые одночлены. Зад. 437. | | |
| | Физкульт. | | | |
| Вторник 17 | Русск. яз. | Образование наречий. Упр. 723 | | |
| | Литерат. | Биография А.С. Пушкина | 5 | |
| | Алгебра | Зад. 495, 621. | | |
| | География | § 2. Рельеф Юж. Америки | | |
| | Англ. яз. | Les. 5. The wall newspaper. | | |
| Среда 18 | История | §20. Крестовые походы | | |
| | Пение | Песня „Зимушка“ | | |
| | Алгебра | Зад. 470, 624 | | |
| | Геометр. | §5. Осевая симметрия. Зад. 42 | | |
| | Русск. яз. | Суффиксы наречий. Упр. 741 | | |

Пропуск уроков 5 из них по болезни 5

Количество опозданий на уроки

Месяц Ноябрь

| Дни и числа | Предметы | ЧТО ЗАДАНО | Оценка успеваемости | Подпись учителя |
|---|---|---|---|---|
| Четверг 19 | Рисование | Рисунок на вольную тему | | |
| | Физика | Контрольная работа | 4 | |
| | Русск. яз. | Приставки наречий. Упр. 746 | | |
| | Алгебра | Зад. 627, 628 | | |
| | География | Климат Юж. Америки | | |
| | Ботаника | Шляпочные грибы | | |
| Пятница 20 | Русск. яз. | Упр. 747, 749, 750 | | |
| | Литерат. | А.С. Пушкин „Полтавский бой“ | | |
| | Геометр. | §6. Параллельность. Зад. 47, 48 | | |
| | Англ. яз. | Les. 5, part two | | |
| | Физкульт. | | | |
| Суббота 21 | Русск. яз. | Приставка. Упр. 755 | | |
| | Англ. яз. | Les. 5 Ex. 18, 19. | | |
| | Алгебра | Зад. 629, 630 | | |
| | География | Растительность Юж. Амер. | | |
| | Ботаник. | §86 Морские водоросли | | |

Классный руководитель
(подпись)

Подпись родителей

Две страницы из ученического дневника

Жил старик со своею старухой
У самого синего моря;
Они жили в ветхой землянке
Ровно тридцать лет и три года . . .

— Отлично, — говорит учительница. Она ставит мальчику „пятёрку“ — в классный журнал и в его дневник.[1]
Теперь рассказывает учительница. Она говорит о творчестве Пушкина, читает несколько стихотворений. Потом она задаёт ученикам вопросы — „закрепляет новый материал“ —, говорит, какие страницы в учебнике они должны прочитать к следующему разу . . . Звонок! Мы благодарим, прощаемся и уходим.

3 Затем нас ведут в спортзал, в физический кабинет, в биологический, мы осматриваем „Уголок живой природы“ — с двумя ёжиками, тремя морскими свинками и массой растений —, а потом нам показывают уроки труда́. Сначала мы видим, как ребятишки 1-го класса делают из бумаги кораблики, затем, как девушки шьют на швейных машинах, а затем мы посещаем на 1-ом этаже мастерские. Там стоят разные станки. Мальчики в синих халатах что-то делают. Ими руководит пожилой мастер.
К двум часам нас ведут в столовую школы, где дают обед. Там мы беседуем ещё с директором школы, с четырьмя другими учителями.
— Сколько у вас всего учеников?
— Тысяча двести.
— Сколько учителей?
— Около семидесяти.
— Сколько лет учатся дети?
— Десять.
— Сколько учеников в каждом классе?
— От 30 до 40, иногда 25—27.
— Как вы готовите их в ВУЗ или как готовите к будущей специальности?
— У нас в школе, кроме учебных занятий, есть много кружков: математический, физический, литературный, драматический, кружок по изучению родного края, исторический. Дети могут развивать свои способности в этих кружках. Вы видели наши мастерские. Политехнизация приучает их к серьёзному труду . . .

[1] В дневнике́ ставят все оценки за ответы на каждом уроке и в конце четверти, после двух или трёх месяцев занятий, а также в конце учебного года.

## ❹ На холмах Грузии . . .

На холмах Грузии лежит ночная мгла;
    Шумит Арагва предо мною.
Мне грустно и легко; печаль моя светла;
    Печаль моя полна тобою,
Тобой, одной тобой . . . Унынья моего
    Ничто не мучит, не тревожит,
И сердце вновь горит и любит — оттого,
    Что не любить оно не может.

1829 А. С. Пушкин

## 11.3 Упражнения

### ❶ Цены § 81

В ресторане:

— Сколько с меня?
— Два рубля сорок копеек.
(5 р. 60 к., 12 р. 10 к., 21 р. 90 к., 4 р. 53 к., 3 р. 82 к., 6 р. 20 к., 9 р. 75 к., 18 р. 30 к., 10 р. 60 к., 7 р. 42 к., 2 р. 95 к., 15 р. 50 к.)

Разговорный стиль: 1 р. 93 к. — рубль девяносто три
2 р. 50 к. — два пятьдесят

Советские деньги

## ❷ Как долго живут животные и деревья § 80

Знаете ли вы,
что зайцы живут от 7 до 8 лет, кошки и собаки — от 10 до 12 лет, волки — от 12 до 15 лет, лошади, зебры и жирафы — от 20 до 25 лет, тигры и львы — от 25 до 30 лет, что крокодилы живут около 40 лет, что слоны живут до 90 лет, что попугаи живут около 100 лет, что черепахи живут от 200 до 300 лет, что многие деревья живут до 700, 800, 900 и даже до 1000 лет.

## ❸ Ungefähre Zahlenangaben § 85

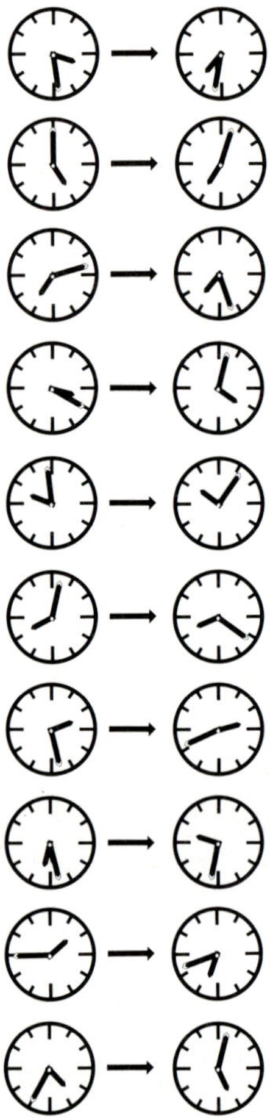

а) Как долго?

— Ты вчера был(а) у Вити?
— Был(а). Мы гуляли.
— Долго?
— **Часа два**.

— Ты вчера был(а) у Наташи?
— Был(а). Мы смотрели телевизор.
— Долго?
— **Минут сорок**.

Составьте такие же диалоги.

б) Через какое время?

— Ты куда?
— На улицу.
— А когда вернёшься?
— **Минут через двадцать**.

— Ты куда?
— В кино.
— А когда вернёшься?
— **Часа через три**.

Составьте такие же диалоги.

## ❹ Ungefähre Zahlenangaben § 85

Спрашивайте и отвечайте:

— Сколько лет отцу с сыном?
— Ему лет тридцать пять. (Ему приблизительно / примерно тридцать пять лет. Ему около тридцати пяти лет.)

— А сколько лет его сыну?
— Ему года три. (Ему приблизительно . . .)
— Сколько лет девушке рядом с ним?
— Ей . . .

5 **Советские реки** § 80, 81

Прочитайте:

| Название реки | В какое море впадает | Длина (в км) |
|---|---|---|
| Обь . . . . . . . . . . . . . . . . | Ка́рское | 3680 |
| Енисе́й . . . . . . . . . . . . | Ка́рское | 3354 |
| Ле́на . . . . . . . . . . . . . . . | Ла́птевых | 4270 |
| Аму́р . . . . . . . . . . . . . . | Тата́рский проли́в | ок. 2850 |
| Во́лга . . . . . . . . . . . . . . | Каспи́йское | 3690 |
| Колыма́ . . . . . . . . . . . | Восто́чно-Сиби́рское | 2600 |
| Днепр . . . . . . . . . . . . . | Чёрное | 2285 |
| Дон . . . . . . . . . . . . . . . | Азо́вское | ок. 1970 |
| Печо́ра . . . . . . . . . . . . | Ба́ренцево | 1790 |
| Нева́ . . . . . . . . . . . . . . . | Балти́йское | 74 |
| Аму-Дарья́ . . . . . . . . | Ара́льское | 1460 |
| Сыр-Дарья́ . . . . . . . . | Ара́льское | |

**6** 
## Расписание поездов § 80, 81, 85

**Пассажирские поезда и маршруты их следования на основных направлениях**

| Сообщение | № поездов | Дни отправления | Отправление ч, мин | Через | Прибытие ч, мин | Время в пути |
|---|---|---|---|---|---|---|
| 1 | 2 | 3 | 4 | 5 | 6 | 7 |
| Москва-Пасс.-Каз. — Томск I | 38 | Неч. | **Москва-П.-Каз.** 16.35 | Казань, Свердловск, Тюмень, Новосибирск | **Томск I** 5.34 | 60.59 |
| » » | 172 | Ежедн. | » 23.05 | » » » | » 19.05 | 68.00 |
| » — Тюме́нь | 60 | » | » 21.00 | Казань, Свердловск | **Тюме́нь** 9.25 | 36.25 |
| » — Улья́новск | 22 | » | » 15.45 | Рязань I, Рузаевку | **Улья́новск** 7.50 | 16.05 |
| » — Уфа́ | 40 | » | » 17.15 | Рузаевку, Ульяновск | **Уфа́** 21.25 | 28.10 |
| » — Фру́нзе | 18 | » | » 23.50 | Ряжск, Пензу, Куйбышев | **Фру́нзе** 2.50 | 75.00 |
| » » | 514 | Чет. | » 2.20 | Ряжск, Мичуринск, Саратов | » 14.20 | 84.00 |
| » — Чебокса́ры | 54 | Ежедн. | » 15.20 | Арзамас II | **Чебокса́ры** 7.23 | 16.03 |
| » — Челя́бинск | 14 | » | » 20.00 | Рязань I, Рузаевку, Куйбышев, Уфу | **Челя́бинск** 8.00 | 36.00 |
| » » | 182 | » | » 22.40 | Рязань I, Рузавку, Ульяновск, Уфу | » 20.30 | 45.50 |
| » — Эли́ста | 152/151 | Неч. | » 15.30 | Рязань, Ряжск, Ростов | **Эли́ста** 6.05 | 38.35 |
| Москва-Пасс.-Яросл. — Арха́нгельск | 16 | Ежедн. | **Москва-П.-Яр.** 12.10 | Ярославль-Гл., Вологду | **Арха́нгельск** 7.25 | 19.15 |
| » » | 118 | » | » 21.40 | » » | » 20.00 | 22.20 |
| » — Благове́щенск | 350 | » | » 12.35 | Ярославль-Гл., Киров, Тюмень | **Благове́щенск** 23.15 | 154.40 |
| » — Владивосто́к | 2 | » | » 10.00 | Ярославль-Гл., Киров, Тюмень, Новосибирск | **Владивосто́к** 8.00 | 166.00 |
| » » | 382 | » | » 14.45 | Ярославль-Гл., Киров, Тюмень, Новосибирск | » 3.30 | 180.45 |
| » — Во́логда | 660 | » | » 0.20 | Ярославль Главный | **Во́логда** 8.50 | 8.30 |
| » — Воркута́ | 22 | » | » 21.25 | Вологду, Котлас | **Воркута́** 13.17 | 39.52 |
| » — Инта | 54 | » | » 1.40 | » » | **Инта** 12.10 | 34.30 |
| » — Воркута́ | 180 | » | » 13.30 | » » | **Воркута́** 12.14 | 46.44 |
| » — Го́рький | 38 | » | » 23.40 | Владимир | **Го́рький** 7.25 | 7.45 |
| » » | 608 | » | » 22.55 | » | » 8.17 | 9.22 |
| » » | 610 | » | » 16.20 | » | » 23.50 | 7.30 |
| » » | 612 | » | » 0.50 | » | » 8.45 | 7.55 |
| » — Забайка́льск | 34 | » | » 21.10 | Ярославль-Гл., Киров, Тюмень, Новосибирск | **Забайка́льск** 11.35 | 110.25 |
| » — Ива́ново | 658 | » | » 18.10 | Александров | **Ива́ново** 1.03 | 6.53 |
| » » | 662 | » | » 0.40 | » | » 8.30 | 7.50 |
| » — Ирку́тск | 10 | » | » 14.05 | Ярославль-Гл., Киров, Тюмень, Новосибирск | **Ирку́тск** 5.00 | 86.55 |
| » — Ке́мерово | 30 | » | » 20.30 | Горький, Свердловск, Курган | **Ке́мерово** 11.10 | 62.40 |
| » — Ки́нешма | 674 | » | » 22.35 | Александров, Иваново | **Ки́нешма** 8.38 | 10.03 |
| » — Ки́ров | 20 | » | » 19.00 | Горький | **Ки́ров** 9.18 | 14.18 |
| » — Кострома́ | 646 | » | » 22.00 | Ярославль, Нерехту | **Кострома́** 5.18 | 7.18 |
| » — Ко́тлас | 524 | » | » 8.20 | Ярославль-Г., Вологду | **Ко́тлас** 6.45 | 22.25 |
| » — Ле́на | 394 | » | » 14.30 | Ярославль-Гл., Свердловск | **Ле́на** 0.30 | 106.00 |
| » — Ни́жний Таги́л | 190 | » | » 15.20 | Ярославль-Гл., Пермь, Чусовскую | **Ни́жний Таги́л** 4.39 | 37.19 |
| » — Новосиби́рск | 4 | » | » 20.00 | Горький, Свердловск, Курган | **Новосиби́рск** 3.20 | 55.20 |
| » — Пермь | 14 | » | » 17.45 | Ярославль-Гл., Киров | **Пермь** 15.49 | 22.04 |
| » — Сыктывка́р | 120 | » | » 23.15 | Вологду, Котлас | **Сыктывка́р** 5.52 | 30.37 |
| » — Серо́в | 116 | » | » 13.50 | Горький, Пермь, Чусовскую | **Серов** 6.02 | 40.12 |
| » — Северодви́нск | 358 | » | » 20.45 | Ярославль-Гл., Вологду | **Северодви́нск** 18.45 | 22.00 |
| » — Солика́мск | 198 | » | » 1.00 | Ярославль-Гл., Пермь, Чусовскую | **Солика́мск** 17.58 | 40.58 |
| » » | 502 | Чет. | » 8.00 | Ярославль-Гл., Пермь, Чусовскую | » 23.56 | 39.56 |
| » — Свердло́вск | 24 | Ежедн. | » 17.00 | Горький, Пермь | **Свердло́вск** 20.30 | 27.30 |
| » — Тында | 108 | 2, 4, 5, 7 | » 23.50 | Ярославль-Гл., Киров, Тюмень, Новосибирск | **Тында** 23.00 | 143.00 |
| » — Улан-Удэ́ | 352 | 3, 6 | » 23.50 | То же | **Улан-Удэ́** 6.30 | 102.40 |
| » — Хаба́ровск | 184 | Ежедн. | » 19.15 | Ярославль, Кострому, Свердловск, Курган, Новосибирск | **Хаба́ровск** 16.05 | 164.50 |
| » — Череповец | 686 | » | » 20.10 | Вологду | **Череповец** 7.25 | 11.15 |
| » — Чита́ | 26 | 1, 3, 6 | » 21.10 | Ярославль-Гл., Свердловск, Тюмень, Новосибирск | **Чита́** 0.36 | 99.26 |
| » — Яросла́вль-Гл. | 602 | Ежедн. | » 18.50 | Александров | **Яросла́вль-Гл.** 22.50 | 4.00 |
| Москва-Пасс.-Киев. — Брянск | 601 | » | **Москва-П.-Киев.** 22.45 | Калугу | **Брянск** 6.16 | 7.31 |
| » — Гре́бенка | 595 | Чет. | » 2.42 | Брянск, Бахмач | **Гре́бенка** 18.17 | 15.35 |
| » — Жме́ринка | 89 | Ежедн. | » 16.47 | Брянск, Киев | **Жме́ринка** 9.54 | 17.07 |
| » — Ива́но-Фран. | 101 | » | » 9.40 | Киев, Жмеринку | **Ива́но-Франков.** 14.06 | 28.26 |
| » — Ки́ев | 1 | » | » 21.20 | Брянск, Конотоп | **Ки́ев** 9.00 | 11.40 |
| » » | 3 | » | » 20.53 | » » | » 8.53 | 12.00 |
| » » | 41 | » | » 23.37 | » » | » 12.18 | 12.41 |
| » » | 533 | » | » 1.50 | » » | » 16.55 | 15.05 |
| » » | 551 | » | » 10.45 | » » | » 0.15 | 13.30 |
| » — Зна́менка | 149 | » | » 17.40 | Брянск, Бахмач, Помошную | **Зна́менка** 15.47 | 22.07 |
| » — Кишинёв | 47 | » | » 22.10 | Брянск, Киев, Раздельную | **Кишинёв** 22.47 | 24.37 |
| » » | 141 | » | » 1.25 | » » » | » 4.49 | 27.24 |
| » » | 377 | » | » 6.20 | » » » | » 8.55 | 26.35 |
| » — Ко́вель | 77 | Ежедн. | » 15.12 | Киев, Казатин, Шепетовку, Ровно | **Ко́вель** 13.55 | 22.43 |
| » — Львов | 73 | » | » 20.22 | Брянск, Киев, Тернополь | **Львов** 18.58 | 22.36 |
| » — Новгород-Се́верский | 617 | » | » 19.07 | Брянск, Унечу | **Но́вгород-Се́верск.** 11.42 | 16.35 |
| » — Оде́сса | 23 | » | » 20.15 | Брянск, Киев, Котовск | **Оде́сса** 18.27 | 22.12 |
| » » | 35 | » | » 9.20 | » » » | » 9.31 | 24.11 |
| » » | 193 | » | » 0.05 | Брянск, Бахмач, им. Т. Шевченко | » 4.34 | 28.29 |
| » » | 329 | » | » 1.32 | Брянск, Бахмач, Ромодан, Знаменку, Помошную | » 3.50 | 26.18 |
| » » | 375 | » | » 14.25 | Бахмач, им. Т. Шевченко | » 14.38 | 24.13 |
| » — Су́мы | 185 | » | » 18.53 | Брянск | **Су́мы** 8.52 | 13.59 |
| » — Трускаве́ц | 33 | » | » 12.40 | Брянск, Киев, Львов, Стрый II | **Трускаве́ц** 12.00 | 23.20 |

а) — Когда отправляется поезд № 38 в Томск?
— В 16 часов 35 минут.
— А когда он прибывает в Томск?
— В 5 часов 34 минуты.
— Сколько часов он в пути?
— 60 часов 59 минут.

Спрашивайте и отвечайте:

— Когда отправляется поезд № . . . ?
— . . .

б) — Сколько часов в пути поезд № 14 в Челя́бинск?
— Точно / Ровно 36 часов.
— А поезд № 30 в Ке́мерово?
— Приблизительно / Примерно шестьдесят три часа. (Около шестидесяти трёх часов.)

Спрашивайте и отвечайте:

— Сколько часов в пути поезд № . . . ?
— Точно . . . / Приблизительно . . . / Около . . .

## 7 Дворец пионеров в Ленинграде § 80, 81

Прочитайте:

Ленинградский Дворец пионеров был открыт 12-ого февраля 1937 года. В его 600 кружках и секциях, в 15 клубах по интересам занимаются 10 тысяч пионеров и школьников города. В 10 отделах Дворца работают 600 сотрудников. Они подготавливают детей к 130 профессиям.

## 8 Русские писатели § 84

Прочитайте:

Образец: Александр Сергеевич Пушкин (1799—1837). — Александр Сергеевич Пушкин родился *в 1799 году*. Он жил *с 1799 по 1837 год*.

Николай Васильевич Гоголь (1809—1852). Михаил Юрьевич Лермонтов (1814—1841). Иван Сергеевич Тургенев (1818—1883). Фёдор Михайлович Достоевский (1821—1881). Лев Николаевич Толстой (1828—1910). Антон Павлович Чехов (1860—1904). Алексей Максимович (Максим) Горький (1868—1936).

## 9 Zusammensetzungen von Zahlen mit Adjektiven oder Substantiven § 83

а) Скажите, какие дома вы видите слева направо.
Слева стоит *одноэтажный* дом. Затем следует *двухэтажный* дом. Затем следует . . . этажный дом. Затем . . .

б) Что такое: *семилетний* мальчик, *трёхнедельные* курсы английского языка?
Что такое: *десятилетие, столетие, тысячелетие*?

## 10 Der Gebrauch von Adjektiven und Substantiven nach Zahlwörtern § 82

Вот витрина универсального магазина. Скажите, что в ней видно.

В витрине мы видим две серые блузки и шесть белых блузок, три чёрных костюма и семь серых галстуков. Кроме того мы видим пять белых юбок и . . .

А вот ещё другая витрина. Что в ней видно?

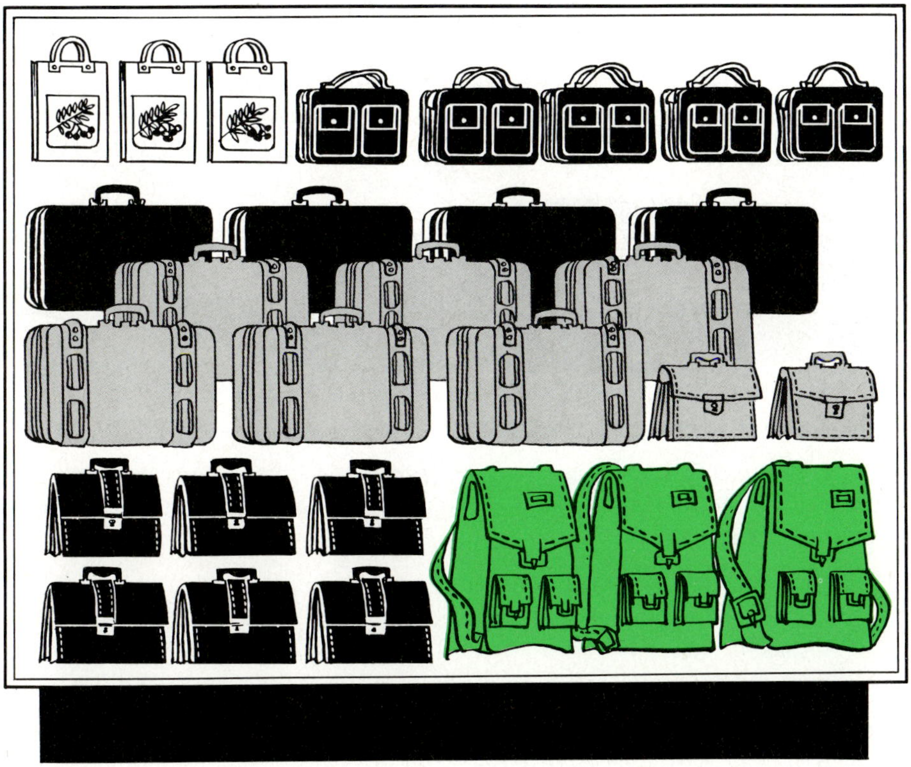

11 **Zeitangaben** § 87

| | |
|---|---|
| а) — Когда у тебя будет урок музыки?<br>— Во вторник.<br>— А я думал(а), что урок музыки бывает по средам.<br>— Да, обычно по средам. Но на этой неделе он будет во вторник. | **в понедельник**<br>**во вторник**<br>**в сре́ду**<br>. . . |
| — Когда мы можем увидеться? В пятницу тебя устраивает?<br>— Нет, по пятницам я не могу; я помогаю бабушке по хозяйству. Давай встретимся в субботу.<br>— Ладно, давай в субботу. | **по понеде́льникам**<br>**по вто́рникам**<br>**по среда́м**<br>**по четверга́м**<br>**по пя́тницам**<br>. . . |

Составьте такие же диалоги.

б) Как Рахмановы проводят один день на даче:

**Утром** они идут на реку ловить рыбу. **Днём** они купаются. **Вечером** они сидят в саду и разговаривают. **Ночью** они спят.

Как Юрий готовится к экзамену:

**По утра́м** он бывает в институте. **По вечера́м** он занимается вместе с товарищем. **По ноча́м** он часто сидит над книгами или делает чертежи́. Он должен сдать много чертеже́й.

| | | |
|---|---|---|
| Он сидит над чертежа́ми | **по целым** | **дням**. |
| | | **неделям** |
| | | **месяцам** |

Или:

| | | |
|---|---|---|
| Он сидит над чертежами | **целыми** | **днями**. |
| | | **неделями** |
| | | . . . |

Скажите, как вы готовитесь к экзамену.

# Wörterverzeichnis

## Hinweise zur Benutzung des Wörterverzeichnisses

1. Um die Übersichtlichkeit zu wahren, werden grammatische Hilfen zu den einzelnen Stichwörtern nur in einer Auswahl gegeben. Die Auswahl erfolgte einerseits nach Vorkenntnissen – so erhalten bekannte Wortstämme wie ~брать, ~ехать u. ä. nicht jedesmal wieder Konjugationshilfen; sie erfolgte andererseits nach der Wichtigkeit des Sprachgebrauchs für die jeweilige Lernstufe – es fehlen z. B. seltenere unregelmäßige Pluralformen der Substantive oder Sonderkonjugationen einiger perfektiver Verben.

2. Substantive auf weiches Zeichen ohne Kennzeichnung sind männlich. Die weiblichen Substantive auf weiches Zeichen sind durch *fem.* kenntlich gemacht.

3. Die Aspektpaare der Verben werden in der Reihenfolge *imperfektiv / perfektiv* gegeben. Der Aspekt alleinstehender Verben ist durch *ipf.* oder *pf.* bezeichnet.

4. Unter dem Titel *Aspektergänzungen* am Ende des Wörterverzeichnisses jeder Lektion werden Verben angeführt, deren imperfekive Form von Band 1 bereits bekannt ist und deren perfektive Form hier erstmalig begegnet. Die Zahlen nach diesen Verben verweisen auf die Stelle des ersten Vorkommens in der betreffenden Lektion. Die Zahlen in Klammern verweisen auf die Stelle des erstmaligen Vorkommens in Band 1.

### Abkürzungen

*Gen.* = Genitiv
*Dat.* = Dativ
*Akk.* = Akkusativ
*Instr.* = Instrumental
*Präp.* = Präpositiv
*mask.* = Maskulinum, männlich
*fem.* = Femininum, weiblich
*neutr.* = Neutrum, sächlich
*Plur.* = Plural, Mehrzahl
*Dim.* = Diminutiv, Verkleinerungsform
*indekl.* = indeklinabel, nicht beugbar
*ipf.* = imperfektiv, unvollendeter Aspekt
*pf.* = perfektiv, vollendeter Aspekt

# 1 Первый урок

## 1.1 Введение

| | |
|---|---|
| ❷ **же́нщина** | Frau |
| **мужчи́на** | Mann |
| ❸ **вести́** **веду́, ведёшь; вёл, вела́, вели́ / повести́** | führen; lenken, leiten |
| **хозя́йство** | Wirtschaft, Haushalt |
| **понемно́гу** | ein wenig, in kleinen Mengen |
| **стира́ть / вы́стирать** | (Wäsche) waschen |
| **бельё** | Wäsche |
| **чи́стить** **чи́щу, чи́стишь / почи́стить** | säubern |
| *пыль fem.* | Staub |
| **пылесо́с** | Staubsauger |
| **ковёр, ковра́** | Teppich |
| **кре́сло** | Sessel |
| **холоди́льник** | Kühlschrank |

## 1.2 Тексты

| | |
|---|---|
| ❶ **обслу́живать / обслужи́ть** | bedienen |
| **официа́нт(ка)** | Kellner(in) |
| **весёлый, ве́село** | fröhlich |
| **внима́тельный** | aufmerksam |
| **(знать) в лицо́** | von Ansehen (kennen) |
| **зал** | Saal |
| **пусто́й, пу́сто** | leer |
| **дли́нный** | lang |
| **рабо́чий де́нь** | Arbeitstag |
| **удиви́тельный** | erstaunlich |
| **устава́ть** **устаю́, устаёшь / уста́ть** | ermüden, müde werden |
| **сме́на** | Schicht |
| **до́чка** *Dim.* | Tochter |
| ❷ **вече́рний** | Abend- |
| **экономи́ческий** | ökonomisch, Wirtschafts- |
| **нау́ка** | Wissenschaft |
| **бухгалте́рия** | Buchhaltung |
| **плани́рование** | Planung |
| **лёгкий, легко́** [-*x*-] [-*x*-] | leicht |
| **экономи́ст** | Volkswirt |
| **де́тский** | Kinder- |
| **на** (+ *Akk.*) | für |
| **отдава́ть** **отдаю́, отдаёшь / отда́ть** **о́тдал, отдала́, о́тдали** | weg-, ab-, zurückgeben |
| *заня́тие* | Beschäftigung, Tätigkeit; (Unterrichts-)Stunde |
| **заня́тия** *Plur.* | Unterricht |
| **кружо́к, ~жка́** | Kreis, Zirkel |
| ❸ **метро́** *indekl.* | U-Bahn |
| **почти́** | fast |
| **врач, врача́** | Arzt |
| **юри́ст** | Jurist |
| **касси́р** | Kassierer(in) |
| **же́нский** | weiblich, Frauen- |
| **профе́ссия** | Beruf |
| **я́сли** *Plur.* | Krippe |
| **посети́тель** | Besucher |
| **извиня́ть(ся) / извини́ть(ся)** | (sich) entschuldigen |
| **до** (+ *Gen.*) | bis |
| ❹ **на ско́лько** | für wie lange |
| **приезжа́ть / прие́хать** | (mit einem Fahrzeug) kommen, ankommen |
| **но́мер** | Nummer, Hotelzimmer |
| **нра́виться / понра́виться** | gefallen |
| **Бори́с Годуно́в** | Boris Godunow, Oper von Modest Mússorgskij, 1839–1881 |
| **бале́т** | Ballett |
| **сове́товать** **сове́тую, ~туешь / посове́товать** | raten |
| *ле́бедь* | Schwan |
| **Лебеди́ное о́зеро** | Schwanensee, Ballett von Peter Tschaikowskij, 1840–1893 |
| **Вы полу́чите большо́е удово́льствие.** | Es wird Ihnen viel Vergnügen bereiten. |

## 1.3 Упражнения

| | | | |
|---|---|---|---|
| ❹ **о́пера** | Oper | ❽ **ручно́й** | Hand-, Armband- |
| | | **речно́й** | Fluß- |
| ❼ **пенсионе́р** | Pensionär | | |
| **сту́дия** | Studio | ❾ **специа́льность** *fem.* | Fachrichtung, Fachgebiet |
| **ваго́н** | Wagen | **юриди́ческий** | juristisch, Jura- |

## 1 Aspektergänzungen

| | |
|---|---|
| **помога́ть / помо́чь** | helfen 1.1.1 (12.1.9) |
| **помо́г, помогла́, помогли́** | |
| **ста́вить / поста́вить** | stellen 1.3.2 (11.2.2) |
| **звони́ть / позвони́ть** | läuten, klingeln, anrufen 1.3.2 (11.2.2) |
| **убира́ть / убра́ть** | aufräumen, in Ordnung bringen 1.3.2 (12.1.9) |
| **убрала́** | |

### 1 Übungen zum Wortschatz

| | |
|---|---|
| Мама **ведёт** дочку по́д руку. | Die Mutter **führt** die Tochter an der Hand. |
| Эта улица **ведёт** в центр города. | Diese Straße **führt** ins Stadtzentrum. |
| У нас хозяйство **ведёт** бабушка. | Bei uns **führt** Großmutter den Haushalt. |
| К чему это **ведёт**? | Wozu **führt** das? |
| Кто у вас **ведёт** русский язык? | Wer **gibt** bei euch Russisch? |
| Когда сегодня начинаются **заня́тия**? | Wann beginnt heute der **Unterricht**? |
| Зимой ночи **дли́нные**. | Im Winter sind die Nächte **lang**. |
| У Миши **весёлый** характер. | Mischa hat einen **fröhlichen** Charakter. |
| Таня **ве́село** поёт. | Tanja singt **fröhlich**. |
| Эта сумка очень **лёгкая**. | Diese Tasche ist sehr **leicht**. |
| Ты это понимаешь? – Да, это **легко́**. | Verstehst du das? – Ja, das ist **leicht**. |
| Я **почти́** всё понимаю. | Ich verstehe **fast** alles. |
| Как тебе **нра́вится** эта книга? | Wie **gefällt** dir dieses Buch? |
| Вам **понра́вилось** в Ленинграде? | **Hat** es Ihnen in Leningrad **gefallen**? |

## 1 Wortfamilien

| | |
|---|---|
| **де́ти** | Kinder |
| **де́тский са́д** | Kindergarten |
| **же́нщина** | Frau |
| **жена́** | (Ehe)Frau |
| **же́нская профе́ссия** | Frauenberuf |
| **мужчи́на** | Mann |
| **муж** | (Ehe)Mann |
| **мужска́я рабо́та** | Männerarbeit |

## 2 Второй урок

### 2.1 Введение

| | |
|---|---|
| ❶ **иностра́нный** | ausländisch |
| **делега́ция** | Delegation |
| **арти́ст** | Schauspieler, Künstler |
| **америка́нский** | amerikanisch |
| **по́льский** | polnisch |
| ❷ **суп** | Suppe |
| **лимона́д** | Limonade |
| ❺ **медици́нский** | medizinisch |
| **педагоги́ческий** | pädagogisch |
| **автомоби́льный** | Auto- |
| ❼ **рожда́ться / роди́ться роди́лся, ~ ла́сь, ~ ло́сь, роди́лись** | geboren werden |
| **ста́рший** | älterer, ältester |
| **мла́дший** | jüngerer, jüngster |
| ❽ **нести́ несу́, несёшь; нёс, несла́ / понести́** | tragen |
| **остано́вка** | Haltestelle |
| **везти́ везу́, везёшь; вёз, везла́ / повезти́** | (etwas oder jemand) fahren, transportieren |
| ❾ **приноси́ть ~ ношу́, ~ но́сишь / принести́** | bringen, mitbringen (wenn man zu Fuß kommt) |
| **привози́ть ~ вожу́, ~ во́зишь / привезти** | bringen, mitbringen (von einer Reise; wenn man mit einem Fahrzeug kommt) |
| **пода́рок, ~ рка** | Geschenk |

### 2.2 Тексты

| | |
|---|---|
| ❶ **бога́тый** | reich |
| **купе́ц, купца́** | Kaufmann |
| **у́мный** | klug |
| **попуга́й** | Papagei |
| **ска́зка** | Märchen |
| **кле́тка** | Käfig |
| **одна́жды** | einmal, eines Tages |
| **созыва́ть / созва́ть ~ зва́л, ~ звала́, ~ зва́ли** | zusammenrufen |
| **что́бы** | um, um zu |
| **обеща́ть** *pf.* + *ipf.* | versprechen |
| **тако́й же** | genau so ein |
| **свобо́да** | Freiheit |
| **кото́рый** | der, welcher |
| **выполня́ть / вы́полнить** | erfüllen, ausführen |
| **про́сьба** | Bitte |
| ❷ **зака́нчивать / зако́нчить** | beenden |
| **слать** *ipf.* **шлю, шлёшь** | senden, schicken |
| **успева́ть / успе́ть** | noch früh genug kommen, zurechtkommen, schaffen |
| **не успе́л он зако́нчить, как . . .** | kaum hatte er geendet, als . . . |
| **удивля́ться / удиви́ться** | sich wundern |
| **наве́рное** | wahrscheinlich |
| **сра́зу** | gleich, sofort, unverzüglich |
| **мёртвый** | tot |
| **ничего́ не** | nichts |
| ❸ **ра́зве** | etwa, denn |
| **хозя́ин** | Besitzer, Wirt, Hausherr, Chef |
| **находи́ть / найти́ нашёл, нашла́** | finden |
| **отве́т** | Antwort |
| **сло́вно** | wie, als ob |
| **умира́ть / умере́ть у́мер, умерла́, у́мерли** | sterben |
| **выбра́сывать / вы́бросить** | hinauswerfen |
| **улета́ть / улете́ть** | wegfliegen |
| **учи́ть / научи́ть** (+ *Akk.*) | lehren |
| ❹ **почто́вый** | Post-, Brief- |

2.3 Упражнения

| | | | |
|---|---|---|---|
| 7 **уноси́ть / унести́** | wegtragen, wegschaffen | **увози́ть / увезти́** | abtransportieren, (etwas oder jemand) wegfahren |

## 2 Aspektergänzungen

| | |
|---|---|
| **собира́ться / собра́ться**<br>**собрала́сь** | sich fertigmachen, beabsichtigen 2.2.1 (13.2.2) |
| **е́хать / пое́хать** | fahren 2.2.1 (13.2.2) |
| **проси́ть / попроси́ть** | bitten 2.2.1 (11.2.3) |
| **начина́ть / нача́ть**<br>**на́чал, начала́, на́чали** | anfangen 2.2.3. (13.1.8) |
| **понима́ть / поня́ть**<br>**по́нял, поняла́, по́няли** | verstehen 2.2.3 (8.6) |
| **буди́ть / разбуди́ть** | wecken 2.3.6 (10.2.1) |

## 2 Übungen zum Wortschatz

| | |
|---|---|
| Где вы **роди́лись**? | Wo **sind** Sie **geboren**? |
| Вы **успе́ли** прочитать книгу? | **Haben** Sie es **geschafft**, das Buch zu lesen? |
| Что ты думаешь, мы ещё **успе́ем** на самолёт? | Was meinst du, **kommen** wir noch **rechtzeitig** zu dem Flugzeug? |
| **Не успе́ла** Нина снять пальто, **как** зазвонил телефон. | **Kaum hatte** Nina den Mantel ausgezogen, **als** das Telefon klingelte. |
| Ты **по́нял / поняла́** меня? | **Hast** du mich **verstanden**? |
| Я не могу вас **поня́ть**. | Ich kann Sie nicht **verstehen**. |
| Я вообще плохо **понима́ю**. | Ich **verstehe** überhaupt schlecht. |
| У меня к вам **про́сьба**. | Ich habe eine **Bitte** an Sie. |
| Вы можете **вы́полнить** мою **про́сьбу**? | Können Sie mir eine **Bitte erfüllen**? |
| Это **у́мный** совет. | Das ist ein **kluger** Ratschlag. |
| Это **глу́пый** вопрос. | Das ist eine **dumme** Frage. |
| **Ра́зве** ты не видишь ошибку? | Siehst du **denn** den Fehler nicht? |
| Надя **сра́зу** нашла ошибку. | Nadja fand den Fehler **gleich**. |
| **Наве́рно(е)** завтра будет хорошая погода. | **Wahrscheinlich** ist morgen gutes Wetter. |

## 2 Wortfamilien

| | |
|---|---|
| **остана́вливаться / останови́ться** | anhalten |
| **остано́вка** | Haltestelle |
| **проси́ть / попроси́ть** | bitten |
| **про́сьба** | Bitte |
| **свобо́да** | Freiheit |
| **свобо́дное ме́сто** | freier Platz |

| | |
|---|---|
| **удивля́ться / удиви́ться** | sich wundern |
| **удиви́тельно** | erstaunlich, verwunderlich |
| **хозя́ин** | Besitzer, Wirt, Hausherr, Chef |
| **хозя́йка** | weibl. zu vor., auch: Hausfrau |
| **хозя́йство** | Haushalt, Wirtschaft |
| **хозя́йничать** | den Haushalt führen, wirtschaften |
| **коллекти́вное хозя́йство (колхо́з)** | Kollektivwirtschaft (Kolchos) |

---

## 3 Третий урок

### 3.1 Введение

| | | |
|---|---|---|
| 2 | **фо́то** *indekl.* | Foto |
| 4 | **экску́рсия** | Exkursion, Ausflug, Besichtigung |
| | **рассма́тривать / рассмотре́ть** | erkennen; aufmerksam betrachten |
| 6 | **страни́ца** | Seite (in Buch, Zeitung usw.) |
| 7 | **изба́, и́збу,** *Plur.*: **и́збы** | hölzernes Bauernhaus |
| | *край* | Rand |
| | **кра́йний, ~ яя** | äußerster, am Ende, am Rand befindlich |
| | **стари́к** | alter Mann |
| | **стару́ха** | alte Frau |
| 8 | **котёл, котла́** | Kessel |
| | **кру́жка** | Krug |
| | **вари́ть** **варю́, ва́ришь / свари́ть** | kochen |
| | **ка́ша** | Grütze, Brei |
| | **ла́вка** | (Wand-)Bank |
| | **ему́ хо́чется** | er möchte |
| | **ему́ хо́чется е́сть** | er hat Hunger |

### 3.2 Тексты

| | | |
|---|---|---|
| 1 | **топо́р, ~ ра́** | Beil, Axt |
| | **война́** | Krieg |
| | **воева́ть** *ipf.* **вою́ю, вою́ешь** | kämpfen, Krieg führen |
| | **свет** | Welt |
| | **родно́й** | Mutter-, Vater-, heimatlich |
| | **доходи́ть / дойти́** | (zu etwas) gelangen, hinkommen |
| | **стуча́ться** **~ чу́сь, ~ чи́шься / постуча́ться (в + *Akk.*)** | (an Tür, Fenster usw.) klopfen |
| | **прохо́жий** | Vorübergehender; umherziehend |
| | **мама́ша** *familiär* | Mütterchen |
| | **попи́ть** *pf.* | (ein wenig, eine bestimmte Menge) trinken |
| | **не́т ли . . . ?** | gibt es nicht . . . ? |
| | **хозя́юшка** *familiär* | Hausfrau, Herrin, Wirtin |
| | **заку́сывать / закуси́ть** | (schnell) etwas essen, etwas zu sich nehmen |
| | **Не́т ли у тебя́ закуси́ть чего́?** | Hast du nicht (ein bißchen) was zu essen? |
| | **еда́** | Essen |
| | **скупо́й** | geizig |
| | **пое́сть** | (ein wenig, eine bestimmte Menge) essen |
| 2 | **е́сли . . . то** | wenn . . . dann |
| | **простой, про́сто** | einfach |
| | **-ка** | (nach Befehlsformen) mal, doch mal |
| | **положи́ть** *pf.* | legen (siehe Aspektergänzungen) |
| | **чи́стый** | sauber |
| | **ого́нь, огня́** | Feuer; Licht |
| | **ло́жка** | Löffel |
| | **меша́ть / помеша́ть** | rühren |
| | **доставать** **достаю́, ~ стаёшь / доста́ть** | herausnehmen, -holen; sich verschaffen, bekommen |
| | **годи́ться / пригоди́ться** | sich eignen |

| | |
|---|---|
| *сла́ва* | Ruhm |
| **сла́вный** | sehr gut, prima |
| **соли́ть / посоли́ть** | salzen |
| **соль** *fem.* | Salz |
| **сно́ва** | noch einmal, wieder |
| **крупа́** | Graupen, Grieß |
| **добавля́ть / доба́вить** | hinzufügen |
| **мешо́к, мешка́** | Sack |
| ❸ **отрыва́ться / оторва́ться** | sich lösen, sich losreißen |
| *сли́вки Plur.* | Sahne |
| **сли́вочное ма́сло** | Tafelbutter, Butter |
| **мо́жет = мо́жет быть** | |
| **лук** | Zwiebel |
| **зелёный лук** | das Grüne von der Zwiebel |
| **таре́лка** | Teller |
| **уж = уже́** | |
| **Вот уж не ду́мал(а) . . .** | Ich hätte nicht gedacht . . . |
| ❺ **рестора́н** | Restaurant |
| **напро́тив** | gegenüber |
| **меню́** *neutr., indekl.* | Menü, Speisekarte |
| **сала́т** | Salat |
| **мя́со** | Fleisch |
| **Ско́лько с меня́? Ско́лько с нас?** | Wieviel macht das? Was habe ich / Was haben wir zu zahlen? |
| **рубль, рубля́** | Rubel |

## 3.3 Упражнения

| | |
|---|---|
| ❷ **прожи́ть** *pf.* | (eine best. Zeit) verbringen |
| ❽ **по́здний** | spät |
| ❾ **отходи́ть / отойти́** | (von etwas) weggehen, beiseite treten |

## 3 Aspektergänzungen

| | |
|---|---|
| **отдыха́ть / отдохну́ть** | sich erholen, sich ausruhen 3.2.1 (13.2.4) |
| **мыть / вы́мыть** | waschen, abwaschen 3.2.2 (10.1.8) |
| **класть / положи́ть** **кладу́, кладёшь** | legen 3.2.2 (5.3) |
| **про́бовать / попро́бовать** | probieren 3.2.2 (12.2.2) |
| **находи́ться / найти́сь** **нашёлся, нашла́сь, нашло́сь** | sich befinden; sich finden 3.2.3 (7.3) |
| **заходи́ть / зайти́** | aufsuchen, kurz hineingehen 3.2.4 (11.2.1) |
| **встреча́ть / встре́тить** | treffen, empfangen, abholen 3.3.2 (11.2.5) |

## 3 Übungen zum Wortschatz

| | |
|---|---|
| Ученики **кладу́т** учебники на стол. | Die Schüler **legen** die Bücher auf den Tisch. |
| Мама **положи́ла** сахар в чай. | Die Mutter **tat** Zucker in den Tee. |
| Мама **меша́ет** суп. | Die Mutter **rührt** die Suppe **um**. |
| Радио мне не **меша́ет**. | Das Radio **stört** mich nicht. |
| Кому это **меша́ет**? | Wen **stört** das? |
| Нина **доста́ла** из шкафа пальто. | Nina **holte** den Mantel aus dem Schrank **heraus**. |
| Вера **доста́ла** билет в театр. | Vera **bekam** (**kaufte sich, verschaffte sich**) eine Theaterkarte. |
| Вера **получи́ла** от Петра билет в театр. | Vera **bekam** von Pjotr eine Theaterkarte. |

⇒

| | |
|---|---|
| **Мне хо́чется** смотреть телевизор. | **Ich möchte gern** fernsehen. |
| **Мне хо́чется есть.** | **Ich habe Hunger.** |
| **Мне хо́чется пить.** | **Ich habe Durst.** |
| Это **просто́й** вопрос. | Das ist eine **einfache** Frage. |
| Это для меня **про́сто**. | Das ist **einfach** für mich. |
| Это твой двоюродный брат? – Нет, это **родно́й** брат. | Ist das dein Vetter? – Nein, das ist mein **leiblicher** Bruder. |
| Это мой **родно́й** город. | Das ist meine **Heimat**stadt. |
| Где живут твои **родны́е**? | Wo wohnen deine **Verwandten**? |
| **Когда́** Костя ходит на речку, он берёт удочки. | **Wenn** Kostja zum Flüßchen geht, nimmt er seine Angeln mit (*zeitlich*). |
| Костя, **е́сли** ты хочешь ловить рыбу, не забудь удочки. | Kostja, **wenn** du Fische fangen willst, vergiß die Angel nicht (*bedingend*). |
| **Е́сли** нет у тебя лимонада, **то** можно и воду пить. | **Wenn** du keine Limonade hast, **dann** können wir auch Wasser trinken. |

## 3 Wortfamilien

| | |
|---|---|
| **есть / съесть** | essen / aufessen |
| **еда́** | Essen |
| **класть / положи́ть** | legen |
| **укла́дывать / уложи́ть чемода́н** | Koffer packen |
| **проходи́ть / пройти́** | vorübergehen, vorbeigehen |
| **прохо́жий** | Vorübergehender |
| **чи́стый** | sauber |
| **чи́стить / почи́стить** | säubern |

---

## 4 Четвёртый урок

### 4.1 Введение

| | |
|---|---|
| ❷ **кинотеа́тр** | Kino |
| ❸ **свой, своя́, своё, свои́** | sein (auf das Subjekt bezogen) |
| ❹ **себя́** | sich (auf das Subjekt bezogen, auch: mich, dich usw.) |
| *круг* | Kreis |
| **кружо́к, кружо́чек** *Dim.* | Kreis |
| **па́лка** | Stock |
| **па́лочка** *Dim.* | Stöckchen |
| **ту́ловище** | Körper, Rumpf |
| **ве́тка** | Zweig |
| **ве́точка** *Dim.* | Zweiglein |
| **то́чка** | Punkt |
| **запята́я, ~той** | Komma |
| **криво́й, кри́во** | krumm |

## 4.2 Тексты

| | |
|---|---|
| ❶ **эта́ж, ~ жа́** | Etage |
| **шаг, ша́га** *Plur.*: **шаги́** | Schritt |
| **двор, ~ ра́** | Hof |
| **боле́ть** **боле́ю, ~ е́ешь / заболе́ть** | krank sein / krank werden |
| **нельзя́** | es ist unmöglich; es ist nicht erlaubt, man darf nicht |
| **чемода́нчик** *Dim.* | Koffer, Köfferchen |
| **полчаса́** | halbe Stunde |
| **то́т же** | eben der, derselbe |
| **кача́ть / покача́ть** | hin- und herbewegen, schütteln |
| **бежа́ть** **бегу́, бежи́шь, бегу́т / побежа́ть** | laufen |
| **си́льный** | stark |
| **ка́шель, ка́шля** | Husten |
| **лист, ~ та́** | Blatt |
| **листо́к, ~ тка́** *Dim.* | Blatt |
| ❷ **на!** | da! nimm! |
| **ка́шлять** *ipf.* | husten |
| **перестава́ть** **~ стаю́, ~ стаёшь / переста́ть** | aufhören |
| **измене́ние** | Veränderung |
| **ря́дом с** (+ *Instr.*) | neben |
| **соединя́ть / соедини́ть** | verbinden, vereinigen |
| **держа́ть(ся)** *ipf.* **держу́(сь), де́ржишь(ся)** | (sich) halten |
| **обра́тный; обра́тно** | Rück-; zurück |
| ❸ **велосипе́д** | Fahrrad |
| **оби́дный** | beleidigend, kränkend, ärgerlich |
| **реша́ть / реши́ть** | entscheiden, beschließen; (eine Aufgabe) lösen |
| **строка́** | Zeile |
| **стро́чка** *Dim.* | Zeile |
| **хотя́** | obwohl |
| **е́здить** *ipf.* **е́зжу, е́здишь** | (regelmäßig, häufiger, hin- und her) fahren |
| **знак** | Zeichen |
| **проезжа́ть / прое́хать** | fahren, durchfahren, vorüberfahren |
| **буке́т** | Blumenstrauß |
| **то́пать / то́пнуть** | stampfen, aufstampfen |
| ❹ **городско́й** | Stadt-, städtisch |
| **цвели́** < **цвести́** *ipf.* | blühen |
| **одува́нчик** | Butterblume, Löwenzahn, „Pusteblume“ |
| **пуга́ться / испуга́ться** | erschrecken |
| **куст, ~ та́** | Busch |
| **сле́дующий** | nächster, folgender |
| **тротуа́р** | Bürgersteig |
| **взгляну́ть** *pf.* | blicken, schauen |
| **вме́сто** (+ *Gen.*) | statt |
| **ку́ча** | Haufen |
| **вя́лый** | welk, schlaff |
| **вя́нуть / завя́нуть** **завя́л** | verwelken |
| **любо́вь** *fem.* | Liebe |
| ❺ **ку́кла** | Puppe |
| **магази́н** | Geschäft |
| **недорого́й** | billig, preiswert |
| **продавщи́ца** | Verkäuferin |
| **витри́на** | Schaufenster |
| **ра́зница** | Unterschied |
| **ме́жду** (+ *Instr.*) | zwischen |
| **кро́ме** (+ *Gen.*) | außer |
| **кро́ме того́** | außerdem |
| **разреша́ть / разреши́ть** | erlauben, gestatten |
| **се́мьдесят** | siebzig |
| **копе́йка** | Kopeke |
| **уга́дывать / угада́ть** | raten, erraten |
| **не то́** | falsch, das Falsche |

## 4.3 Упражнения

| | |
|---|---|
| ❽ **за́ город** | aufs Land, ins Grüne |

## 4 Aspektergänzungen

| | |
|---|---|
| **рисова́ть / нарисова́ть** | zeichnen 4.1.4 (14.1.9) |
| **смея́ться / засмея́ться** | lachen / loslachen, auflachen 4.2.2 (12.2.2) |
| **пока́зывать(ся) / показа́ть(ся)** | (sich) zeigen 4.2.2 (7.3) |
| **конча́ться / ко́нчиться** | aufhören 4.2.4 (13.1.8) |
| **покупа́ть / купи́ть** | kaufen 4.2.5 (12.1.9) |
| **ката́ться / поката́ться** | (zum Vergnügen) fahren 4.3.3 (13.2.4) |

## 4 Übungen zum Wortschatz

| | |
|---|---|
| Саша **заболе́л**. | Sascha **war krank geworden**. |
| Он **боле́л** гриппом. | Er **war** grippe**krank**. |
| У него был **си́льный** кашель. | Er hatte einen **starken** Husten. |
| Мне **жаль было** Сашу. | Sascha **tat** mir **leid**. |
| Мне **жаль было** велосипеда. | **Es tat** mir **leid um** das Fahrrad. |
| **Жаль**, что ты не придёшь. | **Schade**, daß du nicht kommst. |
| **Переста́ньте** разговаривать! | **Hört auf** zu reden! |
| Дождь **переста́л**. | Der Regen **hörte auf / hatte aufgehört**. |
| Ты неправильно **де́ржишь** ложку. | Du **hältst** den Löffel falsch. |
| В этом доме нельзя **держа́ть** кошку. | In diesem Haus darf man keine Katze **halten**. |
| Мы **реши́ли** эту проблему. | Wir **haben** dieses Problem **gelöst**. |
| Мы **реши́ли** остаться дома. | **Wir haben beschlossen**, zu Haus zu bleiben. |
| Марина **попроси́ла у меня** велосипед. | Marina **bat mich um mein** Fahrrad. |
| Марина **взяла́ у меня** велосипед. | Marina **nahm mein** Fahrrad. |
| **В знак того**, что она довольна, она улыбнулась. | **Zum Zeichen dessen**, daß sie zufrieden war, lächelte sie. |
| **Кро́ме того**, она проехала один раз на моём велосипеде. | **Außerdem** fuhr sie einmal auf meinem Fahrrad. |
| **Хотя́** солнце светит, сегодня холодно. | **Obwohl** die Sonne scheint, ist es heute kalt. |

## 4 Wortfamilien

| | |
|---|---|
| **го́род** | Stadt |
| **городско́й сад** | Stadtgarten |
| | |
| **покупа́ть / купи́ть** | kaufen |
| **покупа́тель** | Käufer |
| | |
| **продава́ть / прода́ть** | verkaufen |
| **продаве́ц** | Verkäufer |
| **продавщи́ца** | Verkäuferin |
| | |
| **ра́зный** | verschieden |
| **ра́зница** | Unterschied |

## 5 Пятый урок

### 5.1 Введение

| | |
|---|---|
| ❶ **во вре́мя** (+ *Gen.*) | während |
| ❷ **до́лжен, ~ жна́, ~ жно́, ~ жны́** | verpflichtet sein, müssen |
| **стадио́н** | Stadion |
| **составля́ть / соста́вить** | zusammenstellen; hier: bilden |
| ❸ **пло́щадь** *fem.* | Platz |
| **проходи́ть / пройти́** | (eine best. Strecke) gehen; vorübergehen; verlaufen |
| **собо́р** | Kirche, Dom, Kathedrale |
| **знамени́тый** | berühmt |
| **Покро́вский собо́р** | Beschützerkathedrale, offizielle Bezeichnung für die Basiliuskathedrale in Moskau |
| **храм** | Tempel, Kirche |
| **Васи́лий Блаже́нный** | Basilius der Glückselige |
| **сторона́, сто́рону;** *Plur.*: **сто́роны** | Seite |
| **истори́ческий** | historisch |
| **кремлёвский** | Kreml- |
| **мавзоле́й** | Mausoleum |
| **ба́шня** | Turm |
| **Спа́сская ба́шня** | Erlöserturm |
| **располо́женный** | gelegen |
| **располо́жен, ~ жена** | gelegen sein |
| **госуда́рственный** | staatlich |
| **универса́льный** | universal, allseitig, vielseitig |
| **универса́льный магази́н** | Kaufhaus |
| ❹ **зда́ние** | Gebäude |
| **Сове́т Мини́стров СССР** | Ministerrat der UdSSR |
| **прези́диум** | Präsidium |
| **Верхо́вный Сове́т СССР** | der Oberste Sowjet der UdSSR |
| **царь** | Zar |
| **ко́локол** | Glocke |
| **Ца́рь-ко́локол** | etwa: „Die Königin der Glocken“, eine niemals verwendete und beim Guß beschädigte Riesenglocke, die im Kreml ausgestellt ist |
| **вели́кий** | groß (an Bedeutung) |
| **Успе́нский собо́р** | Mariä Himmelfahrtskathedrale |
| **Арха́нгельский собо́р** | Erzengelkathedrale |
| **Благове́щенский собо́р** | Mariä Verkündigungskathedrale |
| **Оруже́йная пала́та** | Rüstkammer |
| **Дворе́ц съе́здов** | Kongreßpalast |
| ❺ **план** | Plan, Grundriß, Karte |
| **зда́ние** | Gebäude |
| **и́мени** (*Gen. von* и́мя) | namens, benannt nach (zur Verbindung zwischen der Bezeichnung einer öffentlichen Einrichtung und dem Namen, dem zu Ehren sie benannt ist, z. B.) |
| **Библиоте́ка и́мени Ле́нина** | Leninbibliothek |
| **вокза́л** | Bahnhof |
| **проспе́кт** | breite Straße |
| ❻ **добира́ться / добра́ться** | gelangen |
| **переса́дка** | Umsteigen |
| **де́лать / сде́лать переса́дку** | umsteigen |
| *кольцо́* | Ring |
| **кольцево́й** | Ring- |
| **ли́ния** | Linie |
| **попада́ть / попа́сть ~ аду́, ~ адёшь; попа́л** | kommen, geraten |
| **пешко́м** | zu Fuß |
| **прямо́й, пря́мо** | direkt, gerade, geradeaus |
| **доезжа́ть / дое́хать** | fahren |
| **проща́ть / прости́ть** | verzeihen |
| **тролле́йбус** | Trolleybus, Oberleitungsbus |
| **стоя́нка** | Haltestelle, Parkplatz, Warteplatz |

7 **белору́сский** — weißrussisch
**центра́льный** — zentral, Zentral-
**Министе́рство иностра́нных дел** — Außenministerium
**Акаде́мия нау́к** — Akademie der Wissenschaften
*изве́стие* — Nachricht
**„Изве́стия"** — „Iswestija" (= „Nachrichten"), Name einer bekannten sowjetischen Zeitung
**дру́жба** — Freundschaft
**наро́д** — Volk
**зарубе́жный** — ausländisch
**... с наро́дами зарубе́жных стран** — ... mit Völkern anderer (ausländischer) Länder
**высо́тный** — Hoch-
**конце́ртный** — Konzert-
**бракосочета́ние** — Eheschließung
**спорти́вный** — Sport-
**сооруже́ние** — Anlage
**па́мятник** — Denkmal

8 **о́рден** — Orden
**о́рдена Ле́нина** — sinngemäß: Träger des Leninordens
**метрополите́н** — offizielle Bezeichnung für метро́ = U-Bahn
**схе́ма** — Schema

## 5.2 Тексты

1 **купе́** *indekl.* — Eisenbahnabteil
**экскурса́нт** — Teilnehmer einer Gruppenreise; Ausflügler
**шути́ть шучу́, шу́тишь / пошути́ть** — scherzen
**проводни́к, ~ка́** — Wagenbegleiter, Schlafwagenschaffner
**доро́га** — Weg, (Land)Straße
**доро́гой** — unterwegs
**бесконе́чный** — endlos
**простра́нство** — Raum
**па́спорт** *Plur.*: **паспорта́** — Paß
**регистра́ция** — Registrierung
**перево́дчик перево́дчица** — Dolmetscher(in), Übersetzer(in)
**пока́** — vorläufig, einstweilen
**так как** — da, weil

2 **се́рдце** — Herz
**интере́с** — Interesse
**совреме́нный** — zeitgenössisch, gegenwärtig, modern
**дворе́ц** — Palast, Schloß
**съезд** — Kongreß
**Дворе́ц съе́здов** — Kongreßpalast
**класси́ческий** — klassisch
**тури́ст** — Tourist
**наверху́** — oben
**о́чередь** *fem.* — Reihe, Schlange
**иностра́нец, ~нца** — Ausländer
**африка́нец, ~нца** — Afrikaner
**францу́з** — Franzose
**англича́нин** *Plur.*: **англича́не** — Engländer
**венгр** — Ungar
**куби́нец, ~нца** — Kubaner
**чуде́сный** — wunderbar
**стро́ить / постро́ить** — bauen
**прика́з** — Befehl
**Ива́н Гро́зный** — Iwan der Schreckliche, russischer Zar, 1530–1584

3 **гла́вный** — Haupt-, hauptsächlich
**расходи́ться / разойти́сь разошёлся** — auseinandergehen
**луч** — Strahl
**пересека́ть / пересе́чь пересе́к, ~секла́** — schneiden, kreuzen, überqueren
**паути́на** — Spinnengeweb
**кста́ти** — übrigens
**без** (+ *Gen.*) — ohne
**узнава́ть узнаю́, узнаёшь / узна́ть** — erfahren; erkennen
**ну́жный** — notwendig, gesucht, gewünscht
**всю́ду** — überall
**бюро́** *indekl.* — Büro
**спра́вочное бюро́** — Auskunftsbüro
**кио́ск** — Kiosk
**а́дрес** — Adresse

| | |
|---|---|
| **спра́вка** | Auskunft |
| **по́езд** | Zug |
| *Plur.*: **поезда́** | |
| **на́до** | es ist nötig, man muß |
| **продава́ть** | verkaufen |
| **продаю́, ~даёшь / прода́ть** | |
| **часть** *fem.* | Teil |
| **гру́ппа** | Gruppe |
| **целова́ть** | küssen |
| **целу́ю, ~у́ешь / поцелова́ть** | |

| | |
|---|---|
| ❹ **теря́ть / потеря́ть** | verlieren |
| **теря́ться / потеря́ться** | verlorengehen, verschwinden |
| **бу́ква** | Buchstabe |
| **ци́фра** | Ziffer |
| **называ́ться** *ipf.* | heißen |

5.3 Упражнения

| | |
|---|---|
| ❷ **наро́д** | Volk |
| **сою́з** | Bund, Bündnis; Union, Verband |
| **Сове́тский Сою́з** | Sowjetunion |
| **Соединённые Шта́ты** | Vereinigte Staaten |
| **Федерати́вная Респу́блика Герма́ния** | Bundesrepublik Deutschland |
| **ФРГ** [*фэргэ́*] | |

| | |
|---|---|
| ❸ **Рим** | Rom |
| **ри́млянин** | Römer |

## 5 Aspektergänzungen

| | |
|---|---|
| **знако́миться / познако́миться** | sich bekanntmachen 5.1.3 (11.2.2) |
| **слу́шать / послу́шать** | hören, zuhören, anhören 5.2.2 (11.2.3) |

## 5 Übungen zum Wortschatz

| | |
|---|---|
| Где **располо́жен** Владивосток? | Wo **liegt** Wladiwostok? |
| Поезд **прошёл** по мосту. | Der Zug **überquerte / passierte** eine Brücke. |
| Главная улица **прохо́дит** с севера на юг. | Die Hauptstraße **verläuft** von Norden nach Süden. |
| День **прошёл** хорошо. | Der Tag **verlief** gut. |
| Дождь уже **прошёл**. | Der Regen **ist** schon **vorbei**. |
| Улицы **схо́дятся**. | Die Straßen **kommen zusammen**. |
| Улицы **расхо́дятся**. | Die Straßen **laufen auseinander**. |
| Эта **доро́га** ведёт в лес. | Dieser **Weg** führt in den Wald. |
| **Доро́гой** мы много шутили. | **Unterwegs** haben wir viel gescherzt. |
| Скажите, пожалуйста, как добраться до **вокза́ла**? | Wie kommt man bitte zum **Bahnhof**? |
| Мы перешли на другую **сто́рону** улицы. | Wir gingen auf die andere **Seite** der Straße herüber. |
| В этом деле я на вашей **стороне́**. | In dieser Angelegenheit bin ich auf Ihrer **Seite**. |
| С моей **стороны́** всё ясно. | Von meiner **Seite** aus ist alles klar. |
| Здесь **стро́ят** фабрику. | Hier **baut** man eine Fabrik. |
| Как вы это **узна́ли**? | Wie **haben** Sie das **erfahren?** |
| Читайте, пожалуйста, первую **часть** урока. | Lest bitte den ersten **Teil** der Lektion. |
| Я **пока́** доволен / довольна. | Ich bin **erst mal** zufrieden. |

## 5 Wortfamilien

| | |
|---|---|
| **вре́мя** | Zeit |
| **совреме́нный** | zeitgenössisch, modern |
| **во вре́мя** | während |
| **коне́ц** | Ende |
| **конча́ть / ко́нчить** | (etwas) beenden |
| **коне́чная ста́нция** | Endstation |
| **бесконе́чный** | endlos |
| **переводи́ть / перевести́** | übersetzen |
| **перево́дчик** | Übersetzer, Dolmetscher |
| **перево́дчица** | Übersetzerin, Dolmetscherin |
| **страна́** | Land |
| **иностра́нный** | ausländisch |
| **иностра́нец** | Ausländer |

---

## 6 Шестой урок

### 6.1 Введение

| | |
|---|---|
| 1 **пионе́рский ла́герь** | Pionierlager |
| **жизнь** *fem.* | Leben |
| **райо́н** | Gegend, Gebiet, Bezirk |
| **не́сколько** | einige |
| **боло́то** | Sumpf |
| 5 **предлага́ть / предложи́ть** | vorschlagen |

### 6.2 Тексты

| | |
|---|---|
| 1 **огро́мный** | riesig, gewaltig |
| **санато́рий** | Sanatorium, Erholungsheim |
| **ты́сяча** | Tausend |
| **из-за** (+ *Gen.*) | hinter hervor; wegen |
| **грани́ца** | Grenze |
| **из-за грани́цы** | aus dem Ausland |
| **соглаша́ться / согласи́ться** | einwilligen, sich einverstanden erklären |
| **гаси́ть** **гашу́, га́сишь / погаси́ть** | löschen, ausmachen |
| **раздава́ться** **раздаётся / разда́ться** | ertönen |
| **го́лос** | Stimme |
| **бельги́йка** | Belgierin |
| **ж = же** | (Verstärkungspartikel) |
| **тишина́** | Stille |
| 2 **инди́ец** | Inder |
| **то́лько** | erst |
| **обраща́ться / обрати́ться** | sich wenden an |
| **привыка́ть / привы́кнуть** **привы́к, привы́кла** | sich gewöhnen an |
| **серьёзный** | ernst, ernsthaft |
| **сажа́ть / посади́ть** | setzen; pflanzen |
| **фрукто́вый** | Obst- |
| **впереди́** | in Zukunft, vor sich |
| **впереди́ у нас . . .** | wir haben . . . vor |
| **похо́д** | Marsch, Wanderung |
| 3 **гора́, го́ру** *Plur.*: **го́ры** | Berg |
| **ви́дный** | sichtbar |
| **ви́ден, видна́, ви́дно, ви́дны́** | Kurzform: zu sehen sein |
| **спа́льня** | Schlafzimmer |

| | |
|---|---|
| **тума́н** | Nebel |
| **луна́** | Mond |
| **собира́ться / собра́ться** | zusammenkommen, sich versammeln |
| **мир** | Welt |
| **дружи́ться / подружи́ться** | sich befreunden |
| **настоя́щий** | wirklich, echt, richtig |
| **кипе́ть** *ipf.* **кипи́т** | kochen, brodeln; in vollem Gang sein |
| **называ́ть / назва́ть** | nennen |

| | |
|---|---|
| ❹ **пала́тка** | Zelt |
| **приро́да** | Natur |
| **све́жий** | frisch; kühl |
| **во́здух** | Luft |
| **загора́ть / загоре́ть** | sich braun brennen lassen, braun werden |
| **сли́шком** | (all)zu; übermäßig |

| | |
|---|---|
| ❺ **живо́тное, ~ ного** | Tier |
| **дома́шний** | Haus- |
| **ло́шадь** *Plur.*: **ло́шади, лошаде́й** | Pferd |
| **коро́ва** | Kuh |
| **осёл, осла́** | Esel |
| **овца́** *Plur.*: **о́вцы, ове́ц** | Schaf |
| **соба́ка** | Hund |
| **свинья́** *Plur.*: **сви́ньи, свине́й** | Schwein |
| **коза́,** *Plur.*: **ко́зы** | Ziege, Geiß |
| **ку́рица** *Plur.*: **ку́ры** | Huhn |
| **пету́х, ~ ха́** | Hahn |
| **гусь** *Plur.*: **гу́си, гусе́й** | Gans |
| **у́тка** | Ente |
| **колхо́з** | Kolchose, (landwirtschaftliche) Kollektivwirtschaft |
| **фе́рма** | Stallungen eines landwirtschaftlichen Betriebs; spezialisierte Abteilung in einem großen landwirtschaftlichen Betrieb |
| **лета́ть** *ipf.* | (regelmäßig, häufiger, hin- und her)fliegen |

| | |
|---|---|
| ❻ **ди́кий** | wild |
| **слон, ~ на́** | Elefant |
| **волк** *Plur.*: **во́лки, волко́в** | Wolf |
| **обезья́на** | Affe |
| **жира́ф** | Giraffe |
| **бе́лка** | Eichhörnchen |
| **за́яц, за́йца** | Hase |
| **лиса́; лиси́ца** | Fuchs |
| **пингви́н** | Pinguin |
| **А́фрика** | Afrika |
| **Аме́рика** | Amerika |
| **Австра́лия** | Australien |
| **А́рктика** | Arktis |
| **Анта́рктика** | Antarktis |
| **степь** *fem.*, **в степи́** | Steppe |
| **бе́гать** *ipf.* | (regelmäßig, häufiger, hin und her)laufen |

## 6.3 Упражнения

| | |
|---|---|
| ❷ **конгре́сс** | Kongreß |

| | |
|---|---|
| ❻ **механи́зм** | Mechanismus |
| **квадра́т** | Quadrat |
| **име́ть** *ipf.* **име́ю, ~ е́ешь** | haben |
| **проводи́ть / провести́** | hier: ziehen |

### 6 Übungen zum Wortschatz

| | |
|---|---|
| Что вы **предлага́ете**? | Was **schlagen** Sie **vor**? |
| Мне **предложи́ли** другую работу. | Man **hat** mir eine andere Arbeit **angeboten**. |
| **Раздаётся** звонок. | Es **ertönt** ein Klingeln. |
| Виктор **обрати́лся** к учителю с вопросом. | Viktor **wandte sich** mit einer Frage an den Lehrer. |

⇒

| | |
|---|---|
| Я не знаю, как **обращáться** с этой аппаратурой. | Ich weiß nicht, wie ich mit dieser Apparatur **umgehen** soll. |
| Мы **привы́кли** рано вставать. | Wir **sind es gewohnt**, früh aufzustehen. |
| Трудно **привы́кнуть** к этому климату. | Es ist schwer, **sich** an dieses Klima **zu gewöhnen**. |
| Наш папа всегда **соглашáется** с тем, что говорит мама. | Unser Vater **ist** immer damit **einverstanden**, was die Mutter sagt. |
| Больной **согласи́лся** на операцию. | Der Kranke **erklärte sich** mit der Operation **einverstanden**. |
| У нас был **серьёзный** разговор. | Wir hatten ein **ernstes** Gespräch. |
| Лена **серьёзно** посмотрела на мать. | Lena schaute die Mutter **ernst** an. |
| Вчера вечером я видел(а) комету. – **Серьёзно**? | Gestern abend habe ich einen Kometen gesehen. – **Allen Ernstes**? |
| Я ещё не видел(а) **настоя́щей** кометы, только на фотографиях. | Ich habe noch keinen **richtigen / echten** Kometen gesehen, nur auf Fotos. |
| Мальчики были весь день **на свéжем вóздухе**. | Die Jungen waren den ganzen Tag **an der frischen Luft**. |

## 6 Wortfamilien

| | |
|---|---|
| **дом** | Haus |
| **домáшнее живóтное** | Haustier |
| **спать** | schlafen |
| **спáльня** | Schlafzimmer, Schlafraum |
| **ти́хий** | still, leise |
| **тишинá** | Stille |
| **ходи́ть** | gehen |
| **похóд** | Marsch, Wanderung |

## 7 Седьмой урок

### 7.1 Введение

| | |
|---|---|
| ❸ **скульптýра** | Skulptur |
| **экскурсовóд** | Führer einer Besichtigung, Exkursionsleiter, Fremdenführer |
| ❻ **емý не спи́тся** *(u. ähnliche Fälle)* | er kann nicht schlafen |
| ❼ **зоомагази́н** | Zoohandlung |
| **аквáриум** | Aquarium |
| **пéвчая пти́ца** | Singvogel |
| ❽ **я́щик** | Kiste, Kasten |
| **черепáха** *Dim.*: **черепáшка** | Schildkröte |
| **лезть** **лéзу, лéзешь; лез, лéзла / полéзть** | klettern, steigen |
| **навéрх** | nach oben |
| **кáмень, ~мня** | Stein |
| **посереди́не** (+ *Gen.*) | mitten in, inmitten |
| **остальнóй** | übriger |
| **спокóйный** | ruhig |
| ❾ **дéньги, ~нег** *Plur.* | Geld |
| **плати́ть** **плачý, плáтишь / заплати́ть** | bezahlen, zahlen |
| **ценá, цéну** *Plur.*: **цéны** | Preis |

## 7.2 Тексты

| | | |
|---|---|---|
| ❶ | **ра́достный** | froh, freudig |
| | **крик** | Schrei |
| | **но́венький < но́вый** | etwa: hübsch neu |
| | **чи́стенький < чи́стый** | etwa: hübsch sauber |
| | **ни́зкий** | niedrig |
| | **сте́нка** *Dim.* | Wand |
| | **уста́лый** | müde |
| | **э́то сли́шком** | das ist zu viel, geht zu weit |
| | **всё равно́** | ganz egal; sowieso, ohnehin |
| | **произноси́ть ~ ношу́, ~ но́сишь / произнести́, ~ нёс, ~ несла́** | aussprechen, sagen |
| | **жа́лко** (+ *Gen.*) | schade um, (tut) leid um |
| | **стра́нный** | merkwürdig, seltsam |
| | **приду́мывать / приду́мать** | sich ausdenken, auf etwas kommen |
| | **пря́тать(ся) ~ чу(сь), ~ чешь(ся) / спря́тать(ся)** | (sich) verstecken, (sich) verbergen |
| | **крова́ть** *fem.* | Bett |
| | **из-под** (+ *Gen.*) | unter hervor |
| ❷ | **база́р** | Markt |
| | **звуча́ть, ~ и́т / прозвуча́ть** | klingen, ertönen |
| | **каза́ться, ка́жется / показа́ться** | scheinen |
| | **тяжёлый, тяжело́** | schwer |
| | **боле́ть, ~ и́т** *ipf.* | schmerzen, weh tun |
| | **ми́мо** (+ *Gen.*) | (an jmd.) vorbei, vorüber |
| | **заду́мываться / заду́маться** | nachdenklich werden, nachdenken |
| | **ви́димо** | anscheinend |
| | **порто́вый** | Hafen- |
| | **сыно́к** *Dim.* | Sohn |
| | **карма́н** | Tasche |
| | **ишь** *oder* **и́шь ты** | schau her, da sieh mal an |
| | **привы́чка** | Gewohnheit |
| ❸ | **замеча́ть / заме́тить** | bemerken |
| | **карто́шка** | Kartoffel(n) |
| | **про́тив** (+ *Gen.*) | gegen; gegenüber |
| | **темнота́** | Dunkelheit |
| | **при** (+ *Präp.*) | bei; zu Lebzeiten von |
| ❹ | **ти́кание** | Ticken |
| | **ча́сики** *Dim.* | Uhr |
| | **чу́вство** | Gefühl |
| | **возмо́жный** | möglich |
| | **шум** | Lärm, Geräusch |
| | **чу́вствовать, ~ ую, ~ уешь / почу́вствовать** | fühlen |
| | **пустота́** | Leere |
| | **ночно́й** | Nacht-, nächtlich |
| | **расска́з** | Erzählung |
| | **фигу́ра** *Dim.*: **фигу́рка** | Figur |
| | **сжима́ться / сжа́ться** | sich zusammenziehen |
| | **тень** *fem.* | Schatten |
| | **охраня́ть** *ipf.* | beschützen |
| | **и́здали** | von ferne |
| ❺ | **ка́сса** | Kasse |
| | **сеа́нс** | Vorstellung |

## 7.3 Упражнения

| | | |
|---|---|---|
| ❶ | **ноль, нуль, ~ ля́** | Null |
| ❷ | **Ско́лько ему́ (тебе́) лет?** | Wie alt ist er (bist du)? |
| ⓫ | **но́сик** *Dim.* | Näschen |
| | **глазо́к** *Dim.* | Äuglein |
| ⓬ | **углово́й** | Eck- |
| | **делово́й** | Geschäfts- |
| | **по́чта** | Post |
| | **ро́за** | Rose |
| | **ро́зовый** | Rosen-, rosenfarben, rosa |
| ⓭ | **высота́** | Höhe |
| | **быстрота́** | Schnelligkeit, Geschwindigkeit |
| | **чистота́** | Sauberkeit |
| | **ширина́** | Breite |

## 7 Aspektergänzungen

| | |
|---|---|
| **появля́ться / появи́ться** | erscheinen 7.2.1 (14.2.1) |
| **отвора́чиваться / отверну́ться** | sich abwenden 7.2.1 (10.2.2) |
| **засыпа́ть / засну́ть** | einschlafen 7.2.4 (14.2.3) |

## 7 Übungen zum Wortschatz

| | |
|---|---|
| Юра **боле́ет**. | Jura **ist krank**. |
| У него **боли́т** голова. | Der Kopf **tut** ihm **weh**. |
| **Ка́жется**, у него грипп. | **Es scheint**, daß er Grippe hat. / Er hat **wohl** Grippe. |
| Что ты хотел(а) в коридоре? – Мне **показа́лось**, что кто-то пришёл. | Was wolltest du im Korridor? – **Es schien mir**, daß jemand gekommen war. |
| Мать не **заме́тила**, что Вася пошёл на базар. | Die Mutter **bemerkte** nicht, daß Wasja auf den Markt gegangen war. |
| Олег **заплати́л** за книгу два рубля. | Oleg **bezahlte** für das Buch zwei Rubel. |
| На **остальны́е** деньги он купил почтовые марки. | Für das **restliche / übrige** Geld kaufte er Briefmarken. |
| Море сегодня **споко́йное**, можно покататься на лодке. | Das Meer ist heute **ruhig**, wir können Kahn fahren. |
| Мне это **всё равно́.** | Mir ist das **ganz egal**. |
| Это меня **всё равно́** не интересует. | Das interessiert mich **sowieso** nicht. |
| Какая это **высо́кая** гора! | Was ist das für ein **hoher** Berg! |
| Какой это **ни́зкий** дом! | Was ist das für ein **niedriges** Haus! |
| Это **лёгкая** сумка. | Das ist eine **leichte** Tasche. |
| Это **тяжёлый** чемодан. | Das ist ein **schwerer** Koffer. |

## 7 Wortfamilien

| | |
|---|---|
| **вверх, наве́рх** | nach oben |
| **вверху́, наверху́** | oben |
| **вниз** | nach unten |
| **внизу́** | unten |
| **ду́мать / поду́мать** | denken |
| **приду́мывать / приду́мать** | sich etwas ausdenken |
| **заду́мываться / заду́маться** | nachdenklich werden, nachdenken |
| **заду́мчивый** | nachdenklich |
| **крича́ть / кри́кнуть** | ausrufen, schreien |
| **крик** | Schrei |
| **привыка́ть / привы́кнуть** | sich gewöhnen |
| **привы́чка** | Gewohnheit |
| **чу́вствовать / почу́вствовать** | fühlen |
| **чу́вство** | Gefühl |

# 8 Восьмой урок

## 8.1 Введение

| | |
|---|---|
| ❶ **архите́ктор** | Architekt |
| ❷ **бухга́лтер** | Buchhalter |
| ❸ **спортсме́н(ка)** | Sportler(in) |
| ❹ **пиани́ст(ка)** | Pianist(in) |
| **те́хника** | Technik |
| **станови́ться ~ влю́сь, ~ о́вишься / стать, ста́ну, ста́нешь** | werden |
| ❻ **интересова́ться** *ipf.* **~ су́юсь, ~ су́ешься** (+ *Instr.*) | sich (für etwas) interessieren |
| **занима́ться / заня́ться, заня́лся́, ~ ла́сь, ~ ли́сь** (+ *Instr.*) | sich (mit etwas) beschäftigen, befassen |
| **минерало́гия** | Mineralogie |
| ❼ **руководи́ть** *ipf.* **~ ожу́, ~ оди́шь** (+ *Instr.*) | leiten |
| **преподава́тель** | Lehrer an höheren Schulen und Universitäten |
| **счита́ться** | gelten als |
| **специали́ст** | Spezialist |
| ❽ **лаборато́рия** | Laboratorium |
| **о́пыт** | Versuch |
| **констру́ктор** | Konstrukteur, Erbauer |
| **авиа-** | Flug-, Luft-, Flugzeug- |
| **авиазаво́д** | Flugzeugfabrik |
| **обсужда́ть / обсуди́ть ~ жу́, ~ у́дишь** | besprechen, erörtern, diskutieren |
| **моде́ль** *fem.* [-*дэ*-] | Modell |
| **чертёж, ~ ежа́** | (technische) Zeichnung, Plan |
| **сло́жный** | kompliziert, schwierig |
| **зада́ча** | Aufgabe |
| **подгота́вливать / подгото́вить** | vorbereiten |
| **вы́ставка** | Ausstellung |
| **ю́ный** | jung, jugendlich |
| **иску́сство** | Kunst |
| ❾ **матч** | Spiel, Wettkampf, Match |
| **Тбили́си** | Tiflis, Hauptstadt von Georgien |
| **игра́** | Spiel |
| **боле́льщик** | im Sport: Anhänger einer Mannschaft; Fan |
| **ура́** | Hurra |
| **эта́п** | Etappe |

## 8.2 Тексты

| | |
|---|---|
| ❶ **Фонта́нка** | Fontanka, Fluß in Leningrad |
| **гость** | Gast |
| **похо́жий (на** + *Akk.*) | ähnlich |
| **кру́пный** | groß, Groß- |
| **се́льский** | Land-, Dorf-, ländlich |
| **райо́нный** | Bezirks- |
| **име́ться** *ipf.* **име́ется** | vorhanden sein |
| **увлече́ние** | Begeisterung, Eifer |
| ❷ **иметь** *ipf.* **име́ю, ~ е́ешь** | haben |
| **представле́ние** | Vorstellung |
| **слу́чай** | Fall; Vorfall, Ereignis; Zufall |
| **вероя́тно** | wahrscheinlich |
| **великоле́пный** | großartig, prächtig |
| **коло́нна** | Säule |
| **бы́вший** | früher, ehemalig |
| **револю́ция** | Revolution |
| **принадлежа́ть** *ipf.* **~ жи́т** | gehören |
| **вкус** | Geschmack |
| **танцева́ть** *ipf.* **~ цу́ю, ~ цу́ешь** | tanzen |
| **люби́тель** | Liebhaber (einer Sache), Amateur |
| **колле́кция** | Sammlung, Kollektion |
| **минера́л** | Mineral |
| **о́пытный** | erfahren |
| ❸ **тра́тить ~ чу, ~ тишь / потра́тить** | ausgeben, vergeuden; hier: „darangeben“ |
| **ко́рпус** | Gebäudeteil |

| | |
|---|---|
| **техни́ческий** | technisch |
| **мастерска́я, ~ ско́й** | Werkstatt |
| **мото́р** | Motor |
| **звон** | Klang, Ton |
| **мета́лл** | Metall |
| **авиамоде́ль** *fem.* [-*дэ*-] | Flugzeugmodell |
| **авиамодели́ст** [-*дэ*-] | Flugzeugmodellbauer |
| **пре́жде** | früher |
| **оживлённый** | lebhaft |

**4**

| | |
|---|---|
| **тала́нтливый** | talentiert |
| **инструме́нт** | Instrument |
| **дирижи́ровать** (+ *Instr.*) *ipf.* | dirigieren |
| **орке́стр** | Orchester |
| **бале́тная па́чка** | Ballettröckchen |
| **слы́шный** | hörbar |
| **слы́шен, слышна́ слы́шно, слы́шны́** | Kurzform: zu hören sein |
| **такт** | Takt |
| **Чайко́вский, Пётр Ильи́ч** | Peter Tschaikowskij, russischer Komponist, 1840–1893 |
| **хореографи́ческий** | choreographisch |
| **музыка́нт** | Musiker |
| **учёный** | Gelehrter |
| **развива́ть / разви́ть** | entwickeln |
| **способность** | Fähigkeit |
| **тала́нт** | Talent |
| **посеща́ть / посети́ть** | besuchen |
| **прису́тствовать** *ipf.* ~ **вую,** ~ **вуешь** | anwesend sein |
| **ша́хматный** | Schach- |
| **турни́р** | Turnier |
| **чемпио́н** | im Sport: Meister, Sieger, Champion |
| **убежда́ть(ся) / убеди́ть(ся)** | (sich) überzeugen |

**5**

| | |
|---|---|
| **удава́ться / уда́ться, уда́стся; удало́сь** | gelingen |
| **поступа́ть / поступи́ть, ~ плю́, ~ у́пишь** | (eine Arbeit) antreten, (in Schule, Universität, Dienst usw.) eintreten, ankommen, angenommen werden |
| **медсестра́** | Krankenschwester |
| **ока́зываться / оказа́ться ~ жется** | sich erweisen (als) |

## 8.3 Упражнения

**1**

| | |
|---|---|
| **Кото́рый час? Ско́лько вре́мени?** | Wieviel Uhr ist es? Wie spät ist es? |
| **че́тверть** *fem.* | Viertel |
| **полови́на** | Hälfte, halb |

**2**

| | |
|---|---|
| **расписа́ние поездо́в** | Fahrplan |
| **отры́вок, ~ вка** | Auszug, Ausschnitt |
| **да́льнее сле́дование** | Fernverkehr |
| **объясне́ние** | Erklärung |
| **сокраще́ние** | Abkürzung |
| **тире́** *indekl.* | Gedankenstrich |
| **отправле́ние** | Abfahrt |
| **прибы́тие** | Ankunft |
| **прибыва́ть / прибы́ть, прибу́ду, ~ дешь; при́был, прибыла́, при́были (в + *Akk.*)** | ankommen |
| **отправля́ться / отпра́виться ~ влюсь, ~ вишься** | abfahren, sich auf den Weg machen |

**3**

| | |
|---|---|
| **переезжа́ть / перее́хать** | umziehen |
| **пе́нсия** | Pension, Rente |
| **сосе́д(ка)** | Nachbar(in) |

**4**

| | |
|---|---|
| **назва́ние** | Benennung, Name (eines Gegenstands, einer Stadt usw.) |
| **са́харница** | Zuckerdose |
| **кофе́йник** | Kaffeekanne |

**7**

| | |
|---|---|
| **контролёр** | Kontrolleur |

**8**

| | |
|---|---|
| **чита́тель** | Leser |
| **и так да́лее** | und so weiter |
| **про́чий** | übriger, anderer |
| **и про́чее** | und anderes mehr |

## 8 Übungen zum Wortschatz

| | |
|---|---|
| Иван **похо́ж на** отца. | Iwan **ist** dem Vater **ähnlich**. |
| Что это такое? – Собака. – **Не похо́же**. | Was ist das? – Ein Hund. – **Sieht aber gar nicht so aus**. |
| Что **слы́шно**? | Was **ist zu hören**? |
| С этого места хорошо **ви́дно**. | Von diesem Platz **kann man** gut **sehen**. |
| **У меня есть** гитара. | **Ich habe** eine Gitarre. |
| Квадрат **име́ет** четыре стороны́. | Das Quadrat **hat** vier Seiten. |
| Не в каждом городе **име́ется** театр. | Nicht in jeder Stadt **gibt es** ein Theater. |
| Наташе всё сразу **удаётся**. | Natascha **gelingt** alles sofort. |
| Мне так и не **удало́сь** купить эту книгу. | Es **ist** mir nicht **gelungen**, dieses Buch zu kaufen. |
| Этот вопрос мы ещё будем **обсужда́ть**. | Diese Frage werden wir noch **erörtern / diskutieren**. |
| Это **сло́жная** задача. | Das ist eine **schwierige / komplizierte** Aufgabe. |
| Это **простая** задача. | Das ist eine **einfache** Aufgabe. |
| Суп **оказа́лся** очень вкусным. | Die Suppe **erwies sich** als sehr schmackhaft. |
| Все магазины закрыты. **Ока́зывается**, мы уже не можем купить хлеба. | Alle Geschäfte sind zu. **Es stellt sich heraus**, daß wir heute kein Brot mehr kaufen können. |
| **В тако́м слу́чае** мы будем есть картошку. | **In diesem Fall** werden wir Kartoffeln essen. |
| **В кра́йнем слу́чае** мы можем пойти в ресторан. | **Im äußersten Fall / Notfalls** können wir ins Restaurant gehen. |

## 8 Wortfamilien

| | |
|---|---|
| **гость** | Gast |
| **гости́ница** | Hotel |
| **угоща́ть / угости́ть** | bewirten |
| **занима́ться / заня́ться** | sich mit etw. beschäftigen, geistig arbeiten |
| **заня́тие** | Beschäftigung; (Unterrichts-)Stunde |
| **заня́тия** (*Plur.*) | Unterricht |
| **звать / позва́ть** | rufen, (einen Menschen) nennen |
| **созыва́ть / созва́ть** | zusammenrufen |
| **называ́ть / назва́ть** | nennen, benennen |
| **называ́ться** | heißen |
| **назва́ние** | Benennung, Name (eines Gegenstandes, einer Stadt u. ä.) |
| **звон** | Klang, Ton |
| **звоно́к** | Läuten |
| **звони́ть / позвони́ть** | läuten, anrufen |
| **отсу́тствовать** | fehlen, abwesend sein |
| **прису́тствовать** | anwesend sein |
| **ста́вить / поста́вить** | stellen |
| **выставля́ть / вы́ставить** | ausstellen |
| **вы́ставка** | Ausstellung |
| **представля́ть / предста́вить** | vorstellen |
| **представле́ние** | Vorstellung |
| **составля́ть / соста́вить** | zusammensetzen, bilden |

# 9 Девятый урок

## 9.1 Введение

| | |
|---|---|
| ❶ **душ** | Dusche |
| **бутерброд** [-*тэ*-] | belegte Schnitte |
| **ложиться / лечь, лягу, ляжешь, лягут; лёг, легла; ляг! лягте!** | sich legen |
| **электричка** | S-Bahn, Zug im Nahverkehrsbereich |
| ❷ **звать зову, зовёшь; звала / позвать** | rufen |
| **выключать / выключить** | ausschalten |

## 9.2 Тексты

| | |
|---|---|
| ❶ **сестрёнка** *Dim.* | Schwesterchen |
| **больница** | Krankenhaus |
| **консервы** *Plur.* | Konserven |
| **грязный** | schmutzig |
| **радоваться ~ дуюсь, ~ дуешься / обрадоваться** (+ *Dat.*) | sich freuen (über) |
| ❷ **сон, сна** | Schlaf, Traum |
| **видеть / увидеть сон** | träumen |
| **эгоист** | Egoist |
| **радиоприёмник** | Radioempfänger |
| **грустный** | traurig |
| **ого** [-*h*-] | oho |
| **водяной** | Wasser- |
| **пистолет** | Pistole |
| **стрелять / выстрелить** (**в** + *Akk.*) | schießen (auf) |
| ❸ **спасать / спасти спасу, ~ сёшь; спас, спасла** | retten |
| **игрушка** | Spielzeug |
| **опаздывать / опоздать** | sich verspäten |
| *палец, ~ льца* | Finger |
| **пальчик** *Dim.* | Fingerchen |
| **защитник** | Verteidiger, Beschützer |
| **защищать / защитить** | verteidigen, beschützen |
| ❹ **поздравлять / поздравить** (+ *Akk.*) **с** (+ *Instr.*) | (jmd. zu etwas) gratulieren |
| **рад, ~ а, ~ ы** (+ *Dat.*) | froh (über) |
| **прямо** | direkt, geradezu, wirklich |
| **влюбляться / влюбиться** | sich verlieben |
| **желать / пожелать** (+ *Gen.*) | (etwas) wünschen |
| **здоровье** | Gesundheit |
| **счастье** | Glück |
| **непременно** | unbedingt, ganz bestimmt |

## 9.3 Упражнения

| | |
|---|---|
| ❶ **предложение** | Satz |
| ❷ **число** | Zahl; Datum |
| **какое число?** | welches Datum? der wievielte? |
| **какого числа?** | am wievielten? |
| ❹ **альбом** | Album |
| ❾ **поднимать / поднять подниму, ~ нимешь; поднял, ~ няла, подняли** | aufheben |
| ⓫ **семейный** | Familien- |
| ⓬ **убирать / убрать со стола** | den Tisch abdecken, abräumen |
| **день рождения** | Geburtstag |
| ⓮ **за** (+ *Akk.*) *(mit Verben im perfektiven Aspekt)* | in (einem Zeitraum), im Verlauf von |

## 9 Aspektergänzungen

| | |
|---|---|
| **проводи́ть / провести́** | verbringen 9.1.1 (14.1.10) |
| **у́жинать / поу́жинать** | zu Abend essen 9.2.1 (10.1.9) |
| **молча́ть / замолча́ть** | schweigen / verstummen 9.2.3 (8.6) |

## 9 Übungen zum Wortschatz

| | |
|---|---|
| Дорога **привела́** нас к дому. | Der Weg **führte** uns zu einem Haus. |
| Учитель **приво́дит** цитату из Пушкина. | Der Lehrer **führt** ein Zitat aus Puschkin **an**. |
| Как вы **провели́** каникулы? | Wie **habt** ihr die Ferien **verbracht**? |
| Учитель **прово́дит** на доске линию. | Der Lehrer **zieht** auf der Tafel eine Linie. |
| Виктор очень **обра́довался**. | Viktor **hat sich** sehr **gefreut**. |
| Чему ты **ра́дуешься**? | Worüber **freust** du dich? |
| Я очень **ра́д(а)**, что ты пришёл. | Ich bin sehr **froh**, daß du gekommen bist. |
| Мне сегодня **гру́стно**. | Mir ist heute **traurig** zumute. |
| Это **гру́стная** мело́дия. | Das ist eine **traurige** Melodie. |
| Я **поздравля́ю** тебя **с** новым годом. | Ich **gratuliere** dir **zum** neuen Jahr. (Alles Gute zum neuen Jahr!) |
| Ты не хочешь **поздра́вить** дедушку **с** днём рождения? | Willst du Großvater nicht **zum** Geburtstag **gratulieren**? |
| Я **жела́ю** тебе всего доброго. | Ich **wünsche** dir alles Gute. |
| Тебе нужно **непреме́нно** посмотреть этот фильм. | Du mußt dir **unbedingt** diesen Film anschauen. |
| Я его **обяза́тельно** посмотрю. | Ich werde ihn mir **ganz bestimmt** anschauen. |
| Не бери хлеб **гря́зными** руками. | Nimm das Brot nicht mit **schmutzigen** Händen. |
| У меня руки **чи́стые**. | Meine Hände sind **sauber**. |
| Кирик **взял** марку на станции. | Kirik **hat** die Marke auf der U-Bahnstation **gekauft**. |
| Ваш хлеб вкусный. Где вы его **берёте**? | Ihr Brot schmeckt gut. Wo **kaufen** Sie es? |

## 9 Wortfamilien

| | |
|---|---|
| **больно́й** | krank, Kranker |
| **боле́ть, боле́ю, ~е́ешь** | krank sein |
| **заболе́ть** | krank werden |
| **боле́ть, боли́т** | weh tun, schmerzen |
| **больни́ца** | Krankenhaus |
| **люби́ть** | lieben |
| **влюбля́ться / влюби́ться** | sich verlieben |
| **любо́вь** | Liebe |
| **люби́тель** | Liebhaber (einer Sache), Amateur |
| **по́здний, по́здно** | spät |
| **опа́здывать / опозда́ть** | sich verspäten |
| **рад, ра́да, ра́ды** | froh |
| **ра́доваться / обра́доваться** | sich freuen |
| **ра́дость** | Freude |
| **ра́достный крик** | ein freudiger Schrei |
| **счастли́вый** | glücklich |
| **несча́стный** | unglücklich |
| **(не)сча́стье** | (Un)Glück |

## 10 Десятый урок

### 10.1 Введение

| | |
|---|---|
| ❷ **роднóй** | verwandt, *Plur.*: Verwandte |
| **motóрный** | Motor- |

| | |
|---|---|
| ❹ **десятилéтие** | Jahrzehnt |
| **óбласть** *fem.* | Gebiet |
| **довóльно** | ziemlich |
| **голóдный** | hungrig |
| **приближáться / приблúзиться** | sich nähern |
| **колхóзный** | Kolchos- |
| **нападáть / напáсть нападý, ~дёшь; напáл** | überfallen, über jmd. herfallen, sich auf jmd. stürzen |
| **скот, ~тá** | Vieh |
| **устрáивать / устрóить** | veranstalten; regeln, einrichten |
| **собрáние** | Versammlung |
| **колхóзник** | Kolchosbauer, Kollektivbauer |
| **как раз** | gerade; ausgerechnet |
| **председáтель** | Vorsitzender |
| **охóтник** | Jäger |
| **сообщáть / сообщúть** | mitteilen |
| **ружьё** | Gewehr |
| **убивáть / убúть, убью, убьёшь** | töten |
| **курúть курю, кýришь / покурúть** | rauchen |

### 10.2 Тексты

| | |
|---|---|
| ❶ **охóта** | Jagd |
| **дрýжба** | Freundschaft |
| **уничтожáть / уничтóжить** | vernichten |
| **пáрень, ~рня** | junger Bursche, junger Mann |
| **прибегáть / прибежáть** | herbeilaufen, herbeigelaufen kommen |
| **нарóд** | hier: Leute, Menschen |
| **борóться** *ipf.* **борюсь, бóрешься** | kämpfen |
| **Нет житья от них.** | Es ist nicht auszuhalten mit ihnen. |
| **считáть** | meinen, denken |
| **облáва** | Treibjagd |
| **спóрить / поспóрить** | streiten |
| **организовáть** *ipf. u. pf.* **~зýю, ~зýешь** | organisieren |
| **телегрáмма** | Telegramm |
| **присылáть / прислáть ~шлю, ~шлёшь** | (zu-, her-, hin)schicken |
| **бить** *ipf.* **бью, бьёшь** | schlagen; besiegen; töten |
| **úменно** | gerade, ausgerechnet; nämlich |
| **вот úменно!** | genau! |

| | |
|---|---|
| ❷ **средú** (+ *Gen.*) | mitten unter, zwischen |
| **бензúн** | Benzin |
| **скóрость** *fem.* | Geschwindigkeit |
| **полёт** | Flug |
| **уточнять / уточнúть** | präzisieren, bestimmen |
| **маршрýт** | Fahr-, Flug-, Marschroute |
| **набирáть / набрáть** | (eine best. Menge) sammeln; erreichen, gewinnen |
| **высотá** | Höhe |
| **лесóк, ~скá** *Dim.* | Wäldchen |
| **лúстья, ~ьев** *Plur. von* **лист** | Blatt |
| **оборáчиваться / обернýться** | sich wenden, sich umwenden |
| **вдалú** | in der Ferne |
| **пересчúтывать / пересчитáть** | (der Reihe nach) abzählen, durchzählen |

| | |
|---|---|
| ❸ **сáмый** | in Verbindung mit этот / тот: derselbe, eben der; zur Bezeichnung der unmittelbaren Nähe: direkt, unmittelbar, z. B. |
| **над сáмой стéпью** | direkt über der Steppe |
| **волчúца** | Wölfin |
| **волчёнок, ~нка** *Plur.*: **волчáта** | Wolfsjunges |
| **прицéливаться / прицéлиться** | zielen |
| **перебúтый** | (nacheinander, der Reihe nach) getötet |
| **отбегáть / отбежáть** | weglaufen |

| | |
|---|---|
| **скрыва́ться / скры́ться** **скро́юсь, ~ ешься** | sich verbergen, verschwinden |
| **снижа́ться / сни́зиться** | sich senken, auf geringere Höhe heruntergehen |
| **приземля́ться / приземли́ться** | landen |
| **заку́ривать / закури́ть** | sich eine Zigarette (Pfeife) anzünden |
| **здо́рово** | sehr gut, tüchtig, prima |

## 10.3 Упражнения

| | |
|---|---|
| 4 **пожива́ть** | leben, sich befinden |
| **Как ты пожива́ешь?** | Wie geht es dir? |

| | |
|---|---|
| **симпати́чный** | sympathisch |
| **ре́дкий, ре́дко** | selten |
| 8 **тигрёнок, ~ нка** | Tigerjunges |
| **тигр** | Tiger |
| **львёнок, ~ нка** | Löwenjunges |
| **котёнок, ~ нка** | Katzenjunges |
| **кот** | Kater |
| **слонёнок, ~ нка** | Elefantenjunges |
| **медвежо́нок, ~ нка** | Bärenjunges |
| **гусёнок, ~ нка** | Gänseküken |
| **утёнок, ~ нка** | Entenküken |
| 9 **про́шлый** | vergangen, vorig |
| **бу́дущий** | zukünftig, nächst, kommend |

## 10 Aspektergänzungen

| | |
|---|---|
| **говори́ть / поговори́ть** | sprechen 10.1.3 (5.4) |
| **выступа́ть / вы́ступить** | öffentlich auftreten, sprechen 10.2.1 (6.6) |
| **рабо́тать / порабо́тать** | arbeiten 10.2.3 (3.2) |

## 10 Übungen zum Wortschatz

| | |
|---|---|
| Ученики **счита́ют** до тысячи. | Die Schüler **zählen** bis Tausend. |
| Я **счита́ю**, что это правильно. | Ich **meine**, daß das richtig ist. |
| Все **счита́ют** Ивана талантливым. | Alle **halten** Iwan **für** talentiert. |
| Виктор Петрович здесь **счита́ется** большим специалистом. | Viktor Petrowitsch **gilt** hier **als** großer Spezialist. |
| Нужно **счита́ться** с тем, что думают другие. | Man muß damit **rechnen**, was die anderen denken. |
| Луна **скры́лась** за горами. | Der Mond **verbarg sich / verschwand** hinter den Bergen. |
| Вася **сообщи́л** матери, что он про́дал старую черепаху. | Wasja **teilte** seiner Mutter **mit**, daß er seine alte Schildkröte verkauft hatte. |
| Это ты **здо́рово** сделал(а). | Das hast du **prima** gemacht. |
| Зачем ты купила **и́менно** красную блузку? | Warum hast du **ausgerechnet** eine rote Bluse gekauft? |
| Я купил новую одежду, **а и́менно**: куртку, рубашку и носки. | Ich habe mir neue Kleidung gekauft, **und zwar / nämlich**: eine Jacke, ein Hemd und Socken. |
| Зачем тебе нужна удочка? Ты хочешь ловить рыбу? — **Вот и́менно**. | Wozu brauchst du eine Angel? Willst du Fische fangen? — **Genau**. |
| **Я как ра́з** получил(а) письмо. | Ich habe **gerade** einen Brief erhalten. |
| Мы живём **в са́мом це́нтре города.** | Wir wohnen **direkt / unmittelbar im Stadtzentrum**. |
| Читай **с са́мого нача́ла**. | Lies **ganz von Anfang an**. |
| **На са́мом верху́** дерева сидит птица. | **Ganz oben** auf dem Baum sitzt ein Vogel. |
| Я хотел(а) сказать **то же са́мое**, что Нина. | Ich wollte **dasselbe** wie Nina sagen. |

## 10 Wortfamilien

| | |
|---|---|
| **далекó** | weit |
| **вдали́** | in der Ferne |
| **и́здали** | von weitem |
| **друг** | Freund |
| **дружи́ться / подружи́ться** | sich anfreunden |
| **дру́жба** | Freundschaft |
| **жить** | leben, wohnen |
| **жизнь** | Leben |
| **жилóй дóм** | Wohnhaus |
| **оживлённо** | lebhaft |
| **Нет житья́ от негó.** | Es ist nicht auszuhalten mit ihm. |
| **Как ты пожива́ешь?** | Wie geht es dir? |
| **ни́зкий** | niedrig |
| **снижа́ться / сни́зиться** | sich senken, auf geringere Höhe heruntergehen |
| **вниз** | nach unten |
| **внизу́** | unten |
| **проходи́ть / пройти́** | vergehen |
| **прóшлый** | vergangen |
| **собира́ться / собра́ться** | sich versammeln |
| **собра́ние** | Versammlung |

---

## 11 Одиннадцатый урок

### 11.1 Введение

| | | |
|---|---|---|
| 1 | **тру́бка** | Telefonhörer |
| | **устра́ивать / устрóить** (+ *Akk.*) | passen |
| | **парикма́хер** | Frisör |
| | **догова́риваться / договори́ться** | sich verabreden |
| | **ла́дно** | gut, einverstanden, okay |
| 2 | **приглаша́ть / пригласи́ть** | einladen |
| 3 | *желéзо* | Eisen |
| | *желéзный* | eisern |
| | **желéзная дорóга** | Eisenbahn |
| | **метр** | Meter |

### 11.2 Тексты

| | | |
|---|---|---|
| 1 | **посещéние** | Besuch |
| | **лéстница** | Treppe |
| | **вестибю́ль** | Vorhalle |
| | **пятиэта́жный** | fünfstöckig |
| | **а́ктовый зал** | Aula |
| | **специа́льный** | Spezial-, Fach- |
| | **броса́ться / брóситься в глаза́** | in die Augen fallen, auffallen |
| | **я́ркий** | hell, grell, leuchtend |
| | **плака́т** | Plakat |
| | **стеннóй** | Wand- |
| | *примéр* | Beispiel |
| | **напримéр** | zum Beispiel |
| | **карикату́ра** | Karikatur |
| | **изобража́ть / изобрази́ть** | abbilden, darstellen |
| | **статья́** | Artikel |

| | |
|---|---|
| **косми́ческий** | kosmisch, Weltraum- |
| **соревнова́ние** | Wettkampf, Wettbewerb |
| **по́дпись** *fem.* | Unterschrift |
| **сла́бый** | schwach |
| **прие́зд** | Ankunft |
| **изображе́ние** | Abbildung, Darstellung |
| **Сату́рн** | Saturn |
| **плане́та** | Planet |
| **портре́т** | Porträt |

| | |
|---|---|
| 2 **ряд** | Reihe |
| **па́рта** | Schulbank |
| **фа́ртук** | Schürze |
| **те́ма** | Thema |
| **век** | Jahrhundert |
| **т. е. (= то́ есть)** | d. h. (= das heißt) |
| **приготовля́ть / пригото́вить** | vorbereiten |
| **учи́ть учу́, у́чишь / вы́учить** | lernen, erlernen |
| **худо́й** *Dim.*: **ху́денький** | mager |
| **уве́ренный** | überzeugt, selbstsicher |
| **биогра́фия** | Biographie |
| **рожде́ние** | Geburt |
| **поэ́т** | Poet, Dichter |
| **кру́глый** | rund |
| **наизу́сть** | auswendig |
| **рыба́к, ~ка́** | Fischer |
| **ве́тхий** | alt, baufällig |
| **земля́нка** | Erdhütte, Lehmhütte |
| **ро́вно** | genau |
| **ста́вить / поста́вить** | hier: (eine Zensur) geben |
| **дневни́к, ~ка́** | Tagebuch |
| **оце́нка** | Bewertung, Urteil |
| **тво́рчество** | Schaffen, Werk |
| **стихотворе́ние** | Gedicht |
| **задава́ть / зада́ть** | aufgeben; (eine Frage) stellen |
| **закрепля́ть / закрепи́ть** | festigen, befestigen |
| **материа́л** | Material, Stoff |

| | |
|---|---|
| 3 **физи́ческий** | körperlich; physikalisch, Physik- |
| **биологи́ческий** | biologisch, Biologie- |
| **уголо́к, ~лка́** *Dim.* | Ecke |
| **ёж,** *Dim.*: **ёжик** | Igel |
| **морска́я сви́нка** | Meerschweinchen |
| **ма́сса** | Masse, große Menge |
| **расте́ние** | Pflanze |
| **труд, ~да́** | Arbeit; Mühe, Anstrengung |
| **уро́к(и) труда́** | Werkunterricht |
| **ребяти́шки** *Dim.* | Kinder |
| **кора́бль** *Dim.*: **кора́блик** | Schiff |
| **шить, шью, шьёшь / сшить** | nähen |
| **шве́йный** | Näh- |
| **стано́к, ~нка́** | Werkbank |
| **хала́т** | Kittel |
| **пожило́й** | älter, im fortgeschrittenen Alter |
| **ма́стер** | Meister, (qualifizierter) Handwerker |
| **столо́вая** | hier: Kantine, Speisesaal |
| **бесе́довать** *ipf.* **~дую, ~дуешь** | sich unterhalten, plaudern |
| **всего́** | insgesamt |
| **ВУЗ (вы́сшее учéбное заведе́ние)** | Hochschule |
| **математи́ческий** | mathematisch, Mathematik- |
| **литерату́рный** | literarisch, Literatur- |
| **драмати́ческий** | dramatisch; hier: Theater- |
| **изуче́ние** | Erforschung, Studium |
| **край** | Land, Gebiet, Gegend |
| **политехниза́ция** | Polytechnisierung, Einbeziehung der Arbeitslehre in den Unterricht |
| **приуча́ть / приучи́ть** | (zu etwas) erziehen, (an etwas) gewöhnen |

| | |
|---|---|
| 4 **холм** | Hügel |
| **Гру́зия** | Grusinien, Georgien |
| **мгла** | dichter Nebel; Finsternis |
| **шуме́ть** *ipf.* **шуми́т** | rauschen, lärmen |
| **Ара́гва** | Aragwa, Fluß im Kaukasus |
| **пред (пре́до) = пе́ред (пе́редо)** | vor |
| **печа́ль** *fem.* | Kummer, Traurigkeit |
| **по́лный** | voll |
| **уны́ние** | Niedergeschlagenheit, Verzagtheit, Schwermut |
| **ничто́** | nichts |

| | |
|---|---|
| **му́чить / заму́чить** | quälen |
| **трево́жить / встрево́жить** | beunruhigen |
| **вновь** | wieder, von neuem |
| **горе́ть горю́, гори́шь / сгоре́ть** | brennen, verbrennen; entflammt sein |
| **оттого́, что** | deshalb, weil |

## 11.3 Упражнения

| | | |
|---|---|---|
| ❶ | **разгово́рный** | umgangssprachlich |
| | **стиль** | Stil |
| ❷ | **зе́бра** | Zebra |
| | **крокоди́л** | Krokodil |
| ❹ | **приблизи́тельно** | ungefähr |
| | **приме́рно** | ungefähr |
| ❺ | **впада́ть** *ipf.* | münden, hineinfließen |
| | **длина́** | Länge |
| | **проли́в** | Meerenge |
| | **Тата́рский проли́в** | Tatarensund, Meerenge zwischen dem Ochotskischen und dem Japanischen Meer |
| | **Балти́йское мо́ре** | Ostsee |
| ❻ | **пассажи́рский** | Personen- (als Gegensatz zu *Güter-*, ohne Bezug auf die Reisegeschwindigkeit) |
| | **сле́дование** | Fahrt, Reise (von Zügen) |
| | **основно́й** | Haupt-, hauptsächlich |
| | **направле́ние** | Richtung |
| | **сообще́ние** | hier: Verkehrsverbindung |
| | **Каз. = Каза́нский вокза́л** | Bahnhöfe in Moskau |
| | **Яросл. = Яросла́вский вокза́л** | Bahnhöfe in Moskau |
| | **Киев. = Ки́евский вокза́л** | Bahnhöfe in Moskau |
| | **Неч. = нечётные** | ungerade (Tage, Zahlen) |
| | **Ежедн. = ежедне́вно** | täglich |
| | **Чет. = чётные** | gerade (Tage, Zahlen) |
| | **путь** *mask.* **пути́, пути́, путь, путём, пути́** | Weg, Fahrt, Reise |
| | **в пути́** | unterwegs |
| | **то́чно** | genau |
| ❼ | **се́кция** | Sektion, Unterabteilung |
| | **отде́л** | Abteilung |
| | **сотру́дник** | Mitarbeiter |
| ❽ | **по** (+ *Akk.*) | bis einschließlich |
| ❾ | **сле́ва** | von links, links |
| | **~ этажный** | ~ stöckig |
| | **сле́довать ~ дую, ~ дуешь / после́довать** | folgen |
| | **~ ле́тний** | ~ jährig |
| | **~ неде́льный** | ~ wöchig |
| | **курс** | Kursus, Lehrgang |
| | **столе́тие** | Jahrhundert |
| | **тысячеле́тие** | Jahrtausend |
| ⓫ | **це́лый** | ganz |

### 11 Übungen zum Wortschatz

| | |
|---|---|
| Ребята **устро́или** в школе выставку. | Die Kinder haben in der Schule eine Ausstellung **organisiert / veranstaltet**. |
| Это меня **устра́ивает**. | Das **paßt** mir / **ist** mir **recht**. |
| Николай **пригласи́л** друзей на день рождения. | Nikolaj **lud** seine Freunde zum Geburtstag **ein**. |
| Они **договори́лись** встретиться в ресторане. | Sie **verabredeten sich**, sich im Restaurant zu treffen. |
| Игорь **у́чит** новые слова. | Igor **lernt** die neuen Wörter. |

⇒

| | |
|---|---|
| Наташа **вы́учила** стихотворение. | Natascha **hat** ein Gedicht **gelernt**. |
| Учительница **поста́вила** ей хорошую **отме́тку**. | Die Lehrerin **gab** ihr eine gute **Zensur**. |
| Я хочу **зада́ть** тебе **вопро́с**. | Ich will dir eine **Frage stellen**. |
| **Я отве́тил(а) на твой вопро́с**? | **Habe ich Deine Frage beantwortet**? |
| Некоторые птицы плавают, **наприме́р** пингвин. | Einige Vögel können schwimmen, **zum Beispiel** der Pinguin. |
| Виктор — **си́льный** человек. | Viktor ist ein **starker** Mensch. |
| У меня **сла́бое** здоровье. | Ich habe eine **schwache** Gesundheit. |
| Дай мне **по́лную** тарелку. | Gib mir einen **vollen** Teller. |
| Мы слишком рано пришли: зал совсем ещё **пусто́й**. | Wir sind zu früh gekommen. Der Saal ist noch ganz **leer**. |

## 11 Wortfamilien

| | |
|---|---|
| **бли́зкий** | nahe |
| **приближа́ться / прибли́зиться** | sich nähern |
| **приблизи́тельно** | annähernd, ungefähr |
| | |
| **день** | Tag |
| **ежедне́вно** | täglich |
| **дневни́к** | Tagebuch |
| | |
| **задава́ть / зада́ть** | aufgeben |
| **зада́ча** | Aufgabe |
| | |
| **круг** | Kreis |
| **кружо́к** | Arbeitszirkel |
| **кру́глый** | rund |
| **вокру́г** | ringsherum; um . . . herum |
| | |
| **подпи́сываться / подписа́ться** | unterschreiben |
| **по́дпись** | Unterschrift |
| | |
| **посеща́ть / посети́ть** | besuchen |
| **посеще́ние** | Besuch |
| **посети́тель** | Besucher |
| | |
| **рожда́ться / роди́ться** | geboren werden |
| **рожде́ние** | Geburt |
| **роди́тели** | Eltern |
| | |
| **то́чно** | genau |
| **уточня́ть / уточни́ть** | präzisieren, bestimmen |
| | |
| **труд** | Arbeit; Mühe, Anstrengung |
| **тру́дный** | schwer, schwierig |
| **сотру́дник** | Mitarbeiter |

# Alphabetisches Wörterverzeichnis

Die mit **Asp.** gekennzeichneten Wörter sind perfektive Verbformen von aus Band 1 bekannten imperfektiven Verben. Sie stehen jeweils unter **Aspektergänzungen** am Schluß des Wörterverzeichnisses der betreffenden Lektion.

## а



## б



## в



## г

## К



## Л



## М



## Н

**О**



**П**

## р



## с

# Geographische Namen und Sachbezeichnungen

## Eigennamen